善经济

论纲

王振耀 著

人民东方出版传媒
People's Oriental Publishing & Media

东方出版社
The Oriental Press

序言

　　善与经济发展有没有联系？联系方式是什么？这是最近 20 年我反复思考的一个问题。

　　2002 年初，在民政部救灾救济司工作时，我到吉林省九台矿务局督促落实城市最低生活保障制度。正是在那里，当地政府部门负责人告诉我，2001 年底低保金的发放使得当时下岗职工占绝大多数的工矿区春节市场活跃起来了，人们开始放鞭炮了！我对此十分惊讶，不多的低保金，居然改变了大量下岗职工生活困难的局面，经济竟然也发生了良性转变，这使我印象深刻。

　　后来，我就一直记着这个案例。在民政部救灾救济司、社会福利与慈善事业促进司推动有关政策调整时，我特别关注社会救济政策、社会福利政策和慈善事业的政策与经济发展的关系。因为慈善是善的一个重要方面。2008 年汶川地震时之所以特别提出一省对一县的政策建议并为中央决策所采纳，也是考虑到在巨灾面前如何将救灾与经济和社会恢复重建结合起来，从而产生更大的总体性合成效益。2021 年 9 月 28 日，我在成都金牛宾馆（汶川救灾时国家抗震救灾前方指挥部所在地）的会议上遇到四川省原省长张中伟先生，他告诉我，当年运用一省对一县决策的体制动员全国支持四川灾区，让四川灾区的发展起码提前了 20—30 年。我听后极为吃惊，看来慈善的力量确实可以直接对经济产生积极影响啊！

　　正是带着这样的思考，2010 年 6 月在北京师范大学组建中国公益研究院以后，我更为集中地观察并分析慈善对经济和社会的影响方式与效果。当时，我特别注意到了"慈善资本主义"的概念。以此为基础，2013 年，我正式提出"善经济"的概念并通过媒体向大众传播，同时又借鉴佛教关于"善知识"的理念，致力于构建理论与实践相结合的善知识体系，将其运用于中国丰富而生动的慈善事业发展以及与世界融合的历史性进程中。

日益深入的研究使我进一步发现，经济向善绝不仅仅局限于慈善和社会责任领域，恰恰是商业本身开启了向善的历史进程。过去，经济学家总是从量上关注产品的极大丰富与经济制度的关系，而在全球商业文明不断发展的现实中，一旦生产力的发展达到一定水平，商业的逻辑确实开始了根本性的转型，我称之为从经济价值引领社会价值转变为社会价值引领经济价值的历史进程。这是我所关注的一个基本视角。

为了进一步深度理解善对于经济的影响，我继续从慈善方向着手，从2011年到2019年新冠肺炎疫情发生之前，我和工作团队每年都要组织国内的慈善家和慈善组织领导人与包括戴维·洛克菲勒、比尔·盖茨、福武总一郎、证严上人等在内的世界各国和地区著名慈善家及慈善组织的领导人进行多种形式的交流对话，甚至专门在夏威夷建立"东西方慈善论坛"，支持海峡两岸暨港澳建立慈善联系纽带等，主要目的就是希望大家从不同角度探索善与经济的联系，和而不同、以善促善、共创人类新的文明。

为了探索善影响经济的方式，这些年来，我反复阅读了柏拉图的《国家篇》、亚里士多德的《尼各马可伦理学》、亚当·斯密的《道德情操论》、康德哲学三大批判与罗尔斯的《正义论》等著作，再与中国的《尚书》、《易经》、《论语》、《大学》以及王阳明的《传习录》等进行比较，希望从中外文化的不同角度来比较并发现善的不同内涵，包括关于人性的理论及人与自然的关系理论等。

为了从经济学中发现关于社会价值的理念，我也阅读了一些经济学家的基本著作，包括亚当·斯密的《国富论》和李嘉图的《政治经济学及赋税原理》、约翰·穆勒的《政治经济学原理》、马歇尔的《经济学原理》、熊彼特的《资本主义、社会主义与民主》、凯恩斯的《就业、利息和货币通论》、刘易斯的《经济增长通论》、康芒斯的《制度经济学》以及保罗·萨缪尔森的《经济学》等著作，希望从对经济人假设和一些基本经济理论的学习中得到新的启发。

实际上，这本书是我自己近些年来学习哲学、伦理学与经济学的一些体会。中国公益研究院的同事们再三督促，要我先写出来，形成论纲，再不断完善，于是我开始了本书的撰写工作。

我一直认为，中国知识生产方式需要转型，以满足于当前社会的迫切需要。这种转型，不可能完全照搬国外的理论，也不可能彻底封闭地重复我们已有的理论。只有在开放的格局中依据中国实际同时注重学习国外的理论与经验，中外结合，不断地探索，不断地总结，才能够产生出现代的适应中国实际并对世界文明有积极影响的理论来。

我至今还记得曹德旺先生富有哲理而又幽默的一段讲话。他说：中国有一个非常强大而又公开的秘密武器，那就是学习能力极强，一旦认准就能够把人家的东西学得非常透彻而且又有独创性，向印度学习佛教是一大案例，向苏俄学习马列主义是又一大案例，现在对外开放更是特别案例。2021 年初，在北京的一次会议上，我又遇到曹先生，并特意问他还记得这段话吗？他回答说：当然记得。

希望我国社会在善与经济结合领域的学习过程中，能够走出中国特色的道路，并如同创造经济建设奇迹一样开创善知识生产方式的创新之道，实现知识生产方式的中国式现代化。也许，这止是参与这一事业理论与实践的工作者的历史使命！

正是本着这样的信念，最近几年，在李承峰、张颢玲夫妇的进一步催促下，经过反复讨论，我完成了书稿。需要特别说明的是，承峰与颢玲作为从事金融投资事业的年轻人，其实是最早与我持续深度讨论善经济的概念的，他们认为善经济理论不仅会对慈善事业发展产生影响，更会对经济系统的健全和转型产生较大的推动，因而我希望与他们合作，共同致力于金融向善、科技向善、商业向善的推进工作。所以他们对本书的出版给予了特别的支持与帮助。

在这里，我要特别感谢中国公益研究院的尚德、柳永法、高华俊、黄浩明、程芬、李静、黄浠鸣、张栋等同事给予我的直接支持。尤其是尚德与柳永法两位同龄人，最先系统阅读书稿，对其中一些结构与理念进行了推敲，甚至对标点和笔误都进行了指正。李静和张栋承担着组织协调出版事务的工作，他们进行了大量的行政工作。在一定意义上可以说，这是一部凝聚了集体智慧的作品。当然，还要感谢东方出版社对本书出版的支持，尤其是本书的编辑，对每段引文都进行了严格的比对，这种认真精神，对我也是相当大的鞭策。

　　我的家人为本书的创作提供了更深层的参与和支持。许多理念都是在与家人直接讨论的过程中产生的，有的观点其实就是由家人创造的，包括社会政治、包菜理论等，对此我特别予以感谢！

2023 年 3 月 6 日于北京

经济学视角下的社会价值与经济价值关系 导论

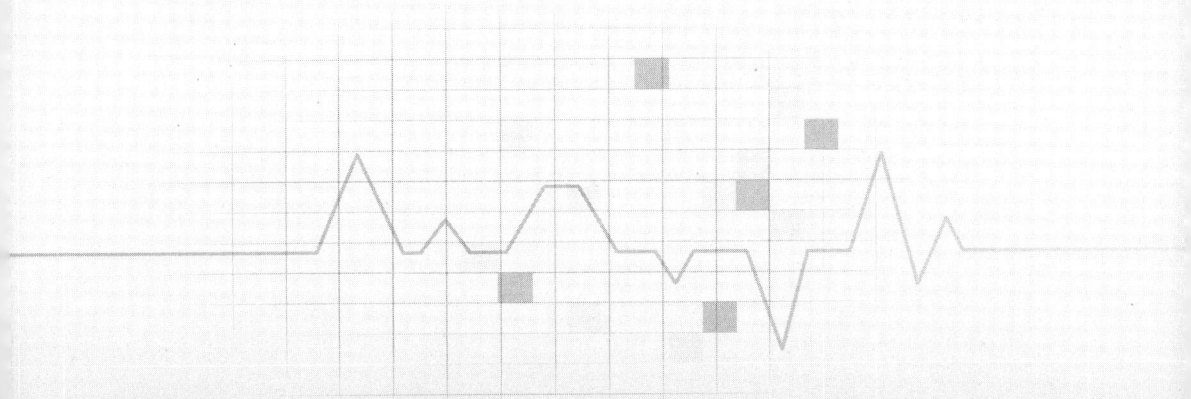

社会价值与经济价值关系的探讨，已经成为当代经济生活和社会生活发展的一个重要内容。随着商业向善、金融向善、科技向善趋势的发展，国际企业界关于环境、社会和公司治理（ESG）评价标准与系统的建立与推广，特别是人们对于慈善资本主义与资本精神的探索，社会价值的特殊作用日益显现，经济与善开始交汇融合，这就需要对这一现象进行理论意义的考察，特别是对社会价值的经济学概念进行分析，从而探索善与经济的内在逻辑联系。

从劳动创造价值到知识经济的转型升级

发展经济，主要依赖什么要素来促成？这是经济学的一个基本命题。这个命题的基本逻辑是，人类社会所生产的一切可以通过市场交换的产品都是有经济价值的，这个经济价值是由劳动来创造的。而对于如何定义劳动，人们的认识经历了持续的变化。

劳动创造价值的理论，是近代经济学的一个基石。这里所说的劳动，最初就是指体力劳动，特别是指依赖出卖体力劳动而换取工资以取得生活资料的人们的劳动。所谓劳动者的劳动，在相当长的时间内主要是指体力劳作行为。

在 19 世纪初讨论劳动的时候，有的学者如德斯杜特·德·特累西曾经认为，"我们的身体和精神无疑是我们唯一的原始财富。这些财富的使用，也即是进行'某种劳动'是我们唯一的原始财富。正是这些'某种劳动'才创造出我们称之为财富的一切东西"。① 在这里，学者们已经注意到了身体和精神的两种财富的使用而不单是身体即体力劳动一个要素。但就知识对象而言，当时的经济学研究更多地注意到了体力劳动，精神还没有被当作创造经济价值的行为来进行研究。

体力劳动和知识性的劳动没有结合，是人类文明早期发展的普遍性自然过程所导致的。在古希腊，知识生产者认为自身的使命就是"求真"，他们不可能去研究技艺的改进和赚钱的知识。而在中国，孔子甚至直接认为种庄稼之类的事情是小人行为而不是君子行为，著名的"樊迟问稼"的故事就集中反映了中国士大夫的这种理念。这主要是因为古代生产力水平低下，无论是农耕经济还是游牧产业，均停留于经验性的发展阶段，知识的作用还没有被充分认识，因而人们只能集中于投入体力劳动。

近代经济学对于劳动能够创造价值的逻辑是什么？认为劳动怎样创造了价值呢？

---

① ［英］大卫·李嘉图:《政治经济学及赋税原理》，周洁译，华夏出版社 2005 年版，第 201 页。

在英国历史上，著名经济学家亚当·斯密和大卫·李嘉图就对劳动价值论作出了重要贡献，他们认为是劳动创造了使用价值和交换价值，因而分析了商品交换的结构。大卫·李嘉图认为："商品的价值或其所能交换的任何其他商品的数量，取决于其生产所必需的相对劳动量，而不是取决于支付这种劳动报酬的多少。"① 这些理念对马克思产生了重要启发。

马克思所创造的劳动价值论认为，一切商品的价值均是由人的劳动创造，凝结在商品价值中的社会必要劳动时间是决定商品价格变动的终极原因。他创造了劳动二重性的理论，认为商品是一种二重的东西，即具有使用价值和交换价值。劳动作为使用价值的创造者，是人类生存的条件，是人与自然之间物质变换的必然性。他写道："一切劳动，从一方面看，是人类劳动力在生理学意义上的耗费；作为相同的或抽象的人类劳动，它形成商品价值。一切劳动，从另一方面看，是人类劳动力在特殊的有一定目的的形式上的耗费；作为具体的有用劳动，它生产使用价值。"② 由劳动价值论到剩余价值学说，马克思创造了革命性的经济理论，他创作的《资本论》也被称为"工人阶级的圣经"。劳动价值论的政治功能就是要充分肯定工人阶级创造财富的本质意义。

劳动的形态在后来发生了重大的变化。恩格斯1886年在《资本论》的序言中就提及生产力按几何级数增长，而市场最多也只是按算术级数扩大的现象。从现代的发展角度看，随着企业管理水平的迅速提高和机器的广泛使用，尤其是工人熟练程度的不断提高，资本的有机构成在迅速提升，工人阶级体力劳动在商品生产中所占的比例日渐减少。

于是，经济学家开始注意到智力的作用。英国经济学家约翰·穆勒在19世纪就已经注意到："决定社会劳动生产力的第三个要素，是社会拥有的技能和知识，不论是劳动者本人掌握的技能和知识，还是劳动管理者掌握的技能和知识。工人灵巧的双手、管理者的才智以及有关自然力和物体性质的知识（这

---

① ［英］大卫·李嘉图：《政治经济学及赋税原理》，周洁译，华夏出版社2005年版，第1页。
② ［德］马克思：《资本论》第一卷，中共中央马克思恩格斯列宁斯大林著作编译局译，人民出版社1975年版，第60页。

种知识可转而服务于工业），都极大地提高了工业的效率。"① 他当时就认为技术知识的进步及其在工业上的应用，会使同样数量和同样强度的劳动生产出更多的产品。这样的理念，已经成为经济学的重要常识。

对于知识作用的肯定，最为典型的是英国经济学家马歇尔的意见："一个伟大的工业天才的经济价值，足以抵偿整个城市的教育费用；因为，像白塞麦的主要发明那样的一种新思想之能增加英国的生产力，等于 10 万人的劳动那样多。"② 这里所揭示的，就是智力的作用。经济学家们日益发现，企业家、精神层面的内容、知识进步对经济发展有着相当重要的作用。德国学者马克斯·韦伯的《新教伦理与资本主义精神》一书开始专门从精神理念层面来探索资本主义的产生与发展。

20 世纪中期，美国经济学家约瑟夫·熊彼特在探讨资本主义、社会主义与民主关系的著作中特别对企业家的功能进行了定义："企业家的功能是：通过利用一种新发明，或者更一般地利用一种未经试验的技术可能性，来生产新商品或者用新方法生产老商品；通过开辟原料供应新来源或产品的新销路；和通过改组工业结构等手段来改良或彻底改革生产模式。"③ 他认为从事这类活动会遇到各种阻力，特别需要只有少数人才具有的显示企业家风格和企业家职能的智力与才能，运用这些智力与才能才会克服各类障碍，因此企业家精神是经济发展过程中的主要推动力。这样的视角，客观上对于劳动进行了更为深入的定义。熊彼特所使用的"企业家精神"的概念，在以后的经济实践中得到了充分的重视。

对于企业家精神的发现与肯定又进一步延伸到了对知识的重视。英国经济学家阿瑟·刘易斯 1955 年出版的《经济增长理论》一书有"知识"的专章。在这一章中，他从知识的增长、新观念的应用、训练计划三个方面系统地阐述

---

① ［英］约翰·穆勒：《政治经济学原理及其在社会哲学上的若干应用》上卷，赵荣潜等译，商务印书馆 1991 年版，第 128—129 页。

② ［英］马歇尔：《经济学原理》上册，朱志泰译，商务印书馆 1964 年版，第 233 页。

③ ［美］约瑟夫·熊彼特：《资本主义、社会主义与民主》，吴良健译，商务印书馆 1999 年版，第 210 页。

了科学发明所促成的知识增长及其应用、推广与普及过程。他的著名观点是："经济的增长既取决于有关事物和生物的技术知识，也取决于有关人和人际关系的社会知识。前者往往在这个范围内加以强调，而后者也是同样重要的，因为增长取决于学习如何管理大规模组织或创建有利于努力节约的制度之类的事情，就像增长取决于培育新的种籽或学习如何修建更大的水坝一样。"① 在这里，刘易斯把劳动的概念更进一步引申到了知识系统。

随着人们对于知识重视程度的增加与经济发展的需要，政治家也开始对劳动价值进行重新定义，最为著名的当属"科学技术是第一生产力"的论断。这是 1988 年 9 月 5 日，邓小平在会见捷克斯洛伐克总统胡萨克时所提出的重要理念，由此也极大地影响了中国改革开放的战略布局。

经济与科技的发展促使人们对于知识有了更新的认识。20 世纪 90 年代初，美国未来学家阿尔文·托夫勒就明确提出："知识已从金钱力量和肌肉力量的附属物发展成为这些力量的精髓，知识是终端放大器。""质量最高的力量来自运用知识。"与此同时，有的学者也开始认为，信息与知识正在取代资本和能源成为能创造财富的要素，正如资本和能源在 200 年前取代土地和劳动力一样，劳动由体力转化为智力。② 这以后，知识经济的概念逐渐成为国际社会的共识。1996 年，经济合作与发展组织（OECD）发布报告，题目为《以知识为基础的经济》，并在其中明确定义：知识经济是指建立在知识和信息的生产、分配和使用之上的经济。人们日益将知识经济与农业经济、工业经济相提并论。

劳动创造价值理论的不断升级，反映了人类社会经济进步的总体趋势。在最为直接的生产领域，科学技术与知识已经成为经济增长的重要推动力。智能化的发展，更是促成了劳动手段甚至包括各类复杂的计算与管理均开始使用机器人的时代。而各类知识与技术，在古代社会恰恰与劳动相分离，属于由经济价值的实物供养才能维持存在的社会价值的范畴。而现代的趋势，

---

① ［英］阿瑟·刘易斯：《经济增长理论》，周师铭、沈丙杰、沈伯根译，商务印书馆 1983 年版，第 197 页。

② 高洪深编著：《知识经济学教程（第三版）》，中国人民大学出版社 2006 年版，第 5 页。

一方面可以说是劳动升级为知识，另一方面也可以说是知识转化为创造经济价值的劳动。

经济人假设与非经济人假设的发展

在经济学中，另一个重要的理论是关于"经济人"的假设。其基本的逻辑就是人们从事经济活动都是有理性的，都会趋利避害；再进一步，就是认为人都是自私的。而与之相对的则是"非经济人"的假设，认为经济学家研究的是有血有肉即存在七情六欲的人，他们的各类欲望尤其是伦理，完全会达到左右经济发展的规模与程度。

关于经济人假设的理论，以亚当·斯密最具代表性。他在《国富论》中写道："我们每天所需的食料和饮料，不是出自屠户、酿酒家或烙面师的恩惠，而是出于他们自利的打算。我们不说唤起他们利他心的话，而说唤起他们利己心的话。我们不说自己有需要，而说对他们有利。"① 这是关于经济人假设最为重要的一段论述。

依据这一假设，既然经济人是理性的，那就是要自由竞争，就是要彻底放松管制，释放理性经济人的积极性，尊重市场经济的内在规律性，培育市场要素，减少政府的干预等。这样的假设，当然是现代自由主义的核心逻辑之一。从这里也可以看出理论假设及其系统的演绎对于政策实践的重大影响。

应该说，亚当·斯密的经济人假设有其历史逻辑的依据。因为，在英国的历史中，国家机构并不发达，国王没有常备军，国家也没有建立起发达的官僚机构，与封建庄园制度紧密结合的领主制度的传统相当悠久，即使国王征收赋税，也需要受到由领主参与制定的"大宪章"的约束。在这种社会状态下，财产权的观念极为牢固，即使家庭之中，也要实行长子继承制度，从而保障财产的稳定性。社会关系之中，财产关系、契约关系相当发达。经济关系高于亲

---

① ［英］亚当·斯密：《国民财富的性质和原因的研究》上卷，郭大力、王亚南译，商务印书馆1972年版，第14页。

情关系，人与人之间确实存在着实实在在的经济人关系，一母同胞的亲兄弟也不例外。

还要看到，经济人假设的理念，对于实行经济体制改革有着重要的启发性意义。如果不尊重市场规律，不培育市场要素，那样的经济是不可能有活力的。发展经济第一位的是要调动劳动者的积极性，支持劳动致富、勤劳致富，这就需要保护劳动者的产权和所得，就需要建立起系统的法律体系和产权保护体系。

经济人的假设并非要求对个人劳动致富的行为进行道德绑架，因为经济人假设中的经济人理性，主要是唤起他们的利己心而不是利他心。也就是说，不去强制进行公共道德的教育，而是要使其利己之心合理化、合法化。于是，个人主义的理念、天赋人权的理念、人人生而平等的理念等都开始进一步成为重要的政治理念并形成重要的法律与政策体系。经济人的假设，确实为资本主义的发展奠定了重要的经济与社会伦理。

非经济人的假设，则是从另一角度来分析承担经济发展的人，以马歇尔最具代表性。他在《经济学原理》一书中明确写道："经济学家所研究的是一个实际存在的人：不是一个抽象的或'经济的'人，而是一个血肉之躯的人。"[1]这实际上是对经济人最为明确的否定。当然，这里所说的实际存在的人，是一个为喜爱善良生活而喜爱善良生活的人，事实上还是在强调人的理性，并且认为是必须用伦理本能和常识来进行研究。能够产生这样的理念，主要是因为马歇尔在这著作中对经济学进行了重新定义，认为经济学既是一门研究财富的学问，同时也是一门研究人的学问。可以说，这是经济学研究的一个特别的新视角。

关于经济学理论的性质与结构，有过几十年经济管理工作经验、曾经担任美国全国货币协会会长和威尔逊总统所指派的"产业关系委员会"委员的经济学家康芒斯，在结合美国许多判例发现财产可以划分为有形财产与无形财产的基础上，以"观念"为题，特别阐述了经济学理论的特殊性。他指出，"经

---

① ［英］马歇尔：《经济学原理》上册，朱志泰译，商务印书馆1964年版，第47页。

济学里的纯理论不能看作和自然科学里的纯理论完全相同，因为自然物质没有目的、意志、权利或利益。经济学家本身就是他这门科学的有目的的对象的一部分"。① 他特别强调观念是人类最伟大的发明，并开始关注人性的或伦理的价值，因为人类生存不仅是个人的生存，还是集体的生存。康芒斯这样的一段话是绝大多数西方学者不愿意引用的，但这段话放在现在依然有着重大的现实意义：

> "政治经济科学在 18 世纪开始出现时，和当时占优势的认为人类原来是自由的和有理性的学说相一致。卢梭在他的名著《社会契约论》（1762 年）里，通俗化了这种学说。人原来是自由的，而政府使他变成奴隶。人也是有理性的生物，只要能自由就会按照理性行动。这是独立宣言和法国革命的理论。它始终是古典派、乐观主义者和心理学派的主要假设。他们的理论的基础是一个绝对自由的个人，他了解自己的利益，如果让他自由行动，所有一切行动的总和自会是利益的协调。这些自由和理性的学说在推翻君主专制、废除奴隶制和建立普及教育上造成了非常重大的结果。可是，那不是因为这些学说在历史上是真实的——而是因为它们树立了未来的理想。……从历史上说，比较正确的说法是像马尔萨斯所说的那样，人类原来是一种具有情欲的和愚蠢的生物，对于他们，自由和理性是一个道德品格慢慢进化以及由政府执行纪律的问题。"②

这里康芒斯对于生物人的"愚蠢"性的分析，客观上为社会价值规范建设的必要性奠定了基础。而对于这一假设的传播，往往是自由主义者最反对的。

康芒斯进一步指出："'经济人'的虚构完全是假设某种意志的一致性。这种虚构的缺陷在于人们假设它是经济理论所需要的唯一的相似点，而实际上它由于限制的和补充的因素的变动而不断地有所改变。"③ 这样的视角，更进一步明确了经济人假设的逻辑缺陷以及实践过程中的不完备性。

---

① ［美］康芒斯：《制度经济学》上册，于树生译，商务印书馆 1962 年版，第 127 页。
② ［美］康芒斯：《制度经济学》下册，于树生译，商务印书馆 1962 年版，第 7 页。
③ 同上书，第 418 页。

面对如此生动的论述，不用解释，就可以从中发现，经济人的假设并不是那么天衣无缝的，因为在现实中，人是有欲望的，也是有感情的，包括政府之间的经济制裁，也有许多是不合乎常理的，不同民族与文化之间由于存在伦理的差异也会对经济产生重大的影响，同时还有历史的恩怨、现实利益的矛盾等。就个人而言，人的情感、动机、愿望、痛苦、快乐和理想等主观性的行为是受环境支配的，在经济交易过程中，这种主观行为往往会表现出来并决定许多交易行为。

由此，经济人假设与生物人假设这样两种对立的理念，客观上对经济学理论产生了结构性的冲击。欲望与伦理尤其是各类制度所具有的经济价值，也开始被经济理论关注。或者也可以说，在经济学理论中，并不是只有一种经济人的理性假设，同时还有生物人的感性假设。

稀缺与效率：供给与需求关系的演进

经济学理论在 21 世纪有了更为根本性的转变。这主要是因为在 20 世纪的后半期，和平与发展成为国际关系的主题，特别是中国经济的腾飞，各个国家多种类型的政策和不同模式的经济发展实践能够有条件检验多个经济学理论的成功与失败。当然，理论的检验是一个长期的历史过程，实践对于理论的检验周期将是持续而长期的。况且，各类社会要素尤其是政策要素对于经济的影响使得经济的发展呈现出更为复杂的图景。这就更需要经济理论的不断更新以满足现实需要。

在 21 世纪，被称为"经济学通才"的美国首位诺贝尔经济学奖得主保罗·萨缪尔森于 2009 年对其第 19 版《经济学》进行修改后以 94 岁高龄辞世，他的理论象征着这个时代经济学的顶峰。十分有意味的是，这位当代经济学的泰斗居然以"一个折衷主义者的宣言"为题来为第 19 版《经济学》作序。他非常直接地写下了以下两段可以称为经济学家遗言的论断：

> "漫游了经济学领地之后，我们的心得是，无论是无管制的资本
> 主义制度还是过度管制的中央计划体制，二者都不能有效地组织起

一个真正现代化的社会。这一点已经为经济史所证实。"

"哈耶克和弗里德曼警示我们止步的'通向奴役的路'究竟是什么样的呢?他们所反对的东西是社会保障、最低工资、国家公园、累进税制,以及致力于环境保护和减缓全球变暖等政府规制。今天,在高收入社会中绝大多数人当然都拥护这些计划。这类混合经济既提供法治规则,也允许有限度的竞争自由。"①

正是基于这样的认识,保罗·萨缪尔森倡导要认可"有限的折衷主义",尤其是现代混合经济的价值,希望能够将严厉冷酷的市场运作规律与公正热心的政府监管机制巧妙地糅合成一体。这确实是面对 2008 年的世界性经济危机,经济学理论所作出的带有风向标性的调整。从一定意义上可以说,这是一次伟大的折衷,是将经济人假设的理性与生物人假设的"愚蠢"混合了起来,认为两者各有千秋,应该将二者结合。这有着很强的正、反、合的逻辑。

萨缪尔森对经济学的定义是相当独特的。他认为,经济学研究的是一个社会如何利用稀缺的资源生产有价值的商品,并将它们在不同的个体之间进行分配。正是由于存在着稀缺性和人们追求效率的愿望,才使得对经济学的关注永远不会消失。②他对稀缺的定义是相对于需求,物品总是有限的,而效率则是指最有效地使用社会资源以满足人类的愿望和需要,这就是著名的稀缺与效率的命题。另外,他在《经济学》一书中用专章阐述"供给和需求的基本原理",特别详尽地分析了需求表和需求曲线、供给表和供给曲线以及相应的供求曲线互动并达到均衡的原理,从而确立了现代经济学的重要框架。

需要注意的是,关于稀缺与效率的问题,在经济和社会进步的过程中,会因为时代的不同而有着不同的内容。许多以前稀缺的产品,往往会随着生产率的提高而变为普通的商品并逐渐成为大众的日常生活用品。最明显的例子是手机的发明,在 20 世纪末手机还是稀缺的新产品因而价格高昂。而到了 21 世纪之后,手机已经成为普通大众经常更换的日用消费品。我们目前还无法想象

---

① [美]保罗·萨缪尔森、威廉·诺德豪斯:《经济学(第十九版)》上卷,萧琛等译,商务印书馆 2011 年版,序言第 22 页。

② 同上书,第 5 页。

运用供求曲线来评估手机的发展趋势，由于竞争，手机质量的提升与数量的增长还在同步推进。

其实，从历史的发展进程看，人们生活质量的提高往往就是日益增长的稀缺性产品转化为日用品的过程。现代普通人能够享受的暖气与空调，肯定是古代帝王所不敢奢望的。而汽车的普及程度日益提高与价格的日益降低，更是让远离城市的农民之家也开始拥有了汽车。环顾大众的日用品，包括自来水、电视机、洗衣机，甚至包括厕所的改进等，哪一个不是从原来的稀缺产品转型而为大众的生活用品的？

生产力的高度发达与商业模式的变换甚至间接地消除了一些负面的社会现象。如共享自行车的发展，使得城市中遍布不再有人看管的共享自行车，一般自行车数量骤减，以至于偷一般自行车的窃贼"失业"了。

甚至对于货币的态度，有的国家也开始改变，有的国家开始建立起负利率制度，不鼓励人们存钱。如果要在银行存钱，就要存款人支付利息。这在过去简直不敢想象！这样的现象也许标志着，货币也在一些国家开始成为非稀缺物品。

过去，人们信奉一种理念：不劳动者不得食！不能养懒汉！但是，随着社会福利制度的进步，许多国家都建立起最低生活保障制度和基本生活保障制度，人们的养老、医疗、教育等都由国家的福利和保险制度来保障，无论什么原因，政府也要救济贫困人口。有的流浪人员还不太喜欢到政府的救助站住宿。从过去的眼光来看，这还不是养懒汉制度吗？

不增长的领域同样存在，人们对此无可奈何，那就是人口的负增长。过去，城市往往鼓励吸纳专业的人才，而现在，人们已经开始注重吸引人口到城市消费，其中包括旅游和居住等方面，这确实是新的发展趋势。

对于这样的现象，马歇尔在其《经济学原理》中就提出过欲望饱和规律与效用递减规律，认为人的欲望是无止境的、多种多样的，但每一个欲望都有其限度。其实，人的生理欲求的限度确实可以测度，因为人的胃容量是有限的。也就是说，有的商品有其需求的边界性，不是越多越好。不管是食品还是日用品，都不是无限地越多越好。比如说，一个小家庭一次性购买的日用品太多就没有地方摆放。

稀缺与效率的关系、供求曲线的变化，正在改变着市场和人们的行为方式。应该说，人类必需品从稀缺、短缺向着日益丰盛与剩余的加速度转变，市场的逻辑必然也要发生转变。当人们的工作目标不再是为生存的时候，工作的逻辑就发生了根本性的变化，市场的逻辑也要转型，那么，经济学的理论该如何随之调整呢？

于是，人们的目光开始从经济价值转向社会价值。

社会价值需要被重新定义

从更广义上讲，商品的生产有两类边界性，一类是消费能力的边界性，另一类是资源的边界性。同时，如果把商品划分为两类，就会分为物质性的商品与精神文化性的商品。人们不难发现，物质类尤其是生活日用品的数量，受人们消费能力的制约，而精神文化性的商品，尤其是无形的商品，人们对其消费能力的边界则是无限的。而人类的欲望，也正是在社会价值的层面，有着广阔的发展空间。正是在这个领域，社会价值的作用日益凸显，经济学需要对社会价值进行重新定义。

关于消费的边界，除了人类的个别欲望总有限度的法则之外，还有两个最有代表性的假说。一个是约翰·穆勒关于社会进步将会达到静止状态的假说，另一个就是马克思关于财富充分涌流的理论。

约翰·穆勒在 19 世纪中叶就认为，财富和资本的增长并不是无限的，进步状态的尽头便是静止状态，当资本和人口达到静止状态的时候，"各种精神文化以及道德和社会的进步，会同以前一样具有广阔的发展前景，'生活方式'（Art of Living）也会同以前一样具有广阔的改进前景，而且当人们不再为生存而操劳时，生活方式会比以前更有可能加以改进"。[①] 他甚至认为将来会废

---

① ［英］约翰·穆勒：《政治经济学原理及其在社会哲学上的若干应用》下卷，胡企林、朱泱译，商务印书馆 1991 年版，第 322 页。

除雇佣关系，劳动者和资本家可以合伙经营等。

马克思在《哥达纲领批判》这一经典著作中勾勒了著名的"各尽所能，按需分配"的共产主义社会，他写道："在共产主义社会高级阶段上，在迫使人们奴隶般地服从分工的情形已经消失；从而脑力劳动和体力劳动的对立也随之消失之后；在劳动已经不仅仅是谋生的手段，而且本身成了生活的第一需要之后；在随着个人的全面发展生产力也增长起来，而集体财富的一切源泉都充分涌流之后，——只有在那个时候，才能完全超出资产阶级法权的狭隘眼界，社会才能在自己的旗帜上写上：各尽所能，按需分配！"① 这里实际上是对共产主义社会的生产力水平进行了相当明确的定义。当财富充分涌流的时候，自然就会达到人尽其才并各取所需的效果了。这一目标的实现，客观上确定了人们的消费边界，这一边界就是每个人生活需要的物品，而不是不需要的物品。比如，一个家庭可能只需要一辆汽车而不是几辆汽车等，但其前提是物质的极大丰富。

也许，消费的边界性是由人的生命周期所决定的。比如，人到了老年阶段，就会出现消费递减的现象，不仅是食品消费减少，甚至房子，也不希望更大。这种生理的边界性，应该是决定每个个体和个体生命的一定阶段的消费边界性的重要原因。

当然，还要看到资源的边界性。工业革命所使用的石油、煤炭等，尽管有着丰富的蕴藏量，但也会随着无节制地使用而枯竭，原来化石能源也有一定的边界。这是第一重边界。第二重边界则是人类智慧所发现的大气变暖现象。由于科学研究的进步，人们能够发现过度使用化石能源，就可能使地球表面的温度升高，从而造成气候变暖，导致冰原与冰川的融化、海平面升高与大洋环流的变化等，尤其是海平面的升高，完全可能会危及岛国特别是沿海城市。这是知识进步所导致的人类观念的变化，因而人们自觉地要求节能减排，开发太阳能、风能、水能等绿色能源并推进碳达峰、碳中和活动。可以说，这是人类

---

① 中共中央马克思恩格斯列宁斯大林著作编译局编：《马克思恩格斯选集》第 3 卷，人民出版社 1972 年版，第 12 页。

社会为了可持续发展而为自身设置的边界。

新能源的开发，客观上具有很强的社会价值。这里既包含人与自然的和谐、保护海洋环境、推进垃圾分类和低碳生活方式等，也包含新旧动能的转型。这里的大目标是可持续发展，使得人类的发展具有永续性。可以说，这是人类整个发展方式从碳文明向生态文明的重大转变。

资源的双重边界性，客观上促成了人类的明智选择与生产方式和生活方式的多重改变。在这个过程中，社会价值的推动作用是不可替代的。

与物质消费的边界性相对的是精神消费的非边界性。随着物质的极大丰富，人们的基本物质消费得到系统保障，就会促成道德水平与文化水平的不断提升。这个时期，人们的生产并不是为了更多的财富，而是为了精神和文化生活的更美好！在这个时期，社会价值客观上会成为人们生产与生活的主要推动力。

就人类欲望的追求目标而言，也是有着脱实向虚并经历从为了利己而利人到为了利人而利己的双重性的根本转变。

一方面，人类欲望在实物层面得到基本满足之后，往往会转向精神层面，从而更多地追求尊严与社会价值的实现等精神价值，主要体现为心理感受的快乐，正如中国文化中早就有"仓廪实而知礼节"的认知。另一方面，企业家的动机开始出现从利己到利人的重大转变。本来，经济行为不可能完全是利己的，有的时候是利人才利己，也有的时候，某些利己行为的结果也有利于社会。从总的趋势看，随着公共福利的日益增长，许多产业的公共服务性质日益增加，于是，企业家兴办企业的动机开始出现从为了利己而利人到为了利人而利己的转变。比如开办养老院，就要研究老年人需求和政府的养老政策。这样行为的动机，从一开始就是利人的。

关于人类的欲望与经济活动的关系，马歇尔进行了深入的探讨。他认为，人类的欲望和希望在数量上是无穷无尽的，在种类上是多种多样的，但这些欲望通常是有限的并能够被满足的；欲望也是不断升级的，如果一个人的财富增大，就会将食欲转化为满足款客和夸耀的欲望；优越感的欲望、自豪感的欲望会更强大；而人类的发展，恰恰就是最初由欲望引起活动，接着是新的活动发展再引起新的欲望并促进其不断地进步。① 自豪感与优越感，毫无疑问就是属于精神层面即社会价值的范畴。

由此看来，经济价值与社会价值的关系，在商品生产之初就已经存在。即使在利己的动机之中，也有着社会价值的要素。从这个意义上说，经济活动的确是社会活动的一种形式，经济活动中的社会价值的功能，确实需要被再定义并使之得到升华性的认识。

社会价值的内容与分类

什么是社会价值？什么是与经济价值相对应的社会价值？如何定义并对其内容进行多样化的分类？当社会发展日益重视社会价值的时候，就需要对其进行深入的探索。

熊彼特对于社会价值曾经进行过这样的定义："经济关系的总和构成了经济系统，就像社会关系的总和构成社会一样。如果人们不能谈社会价值，那就还有一个社会价值体系，一个个别价值的社会体系。这些价值与个体经济中的价值同样是相互联系的。它们通过交换关系互相发生作用，因此，它们影响着所有其他个人的价值，也被这些价值所影响着。在这个社会价值体系中，一个国家所有的生活条件都被反映出来，尤其是所有的'组合'都表现在其中。价格体系是社会价值系统的沉积，同时它也是一个单位。"② 这里所说的社会价值，具有更为广泛的社会意义，但其定位则是与经济价值密切联系的社会价值，特别是价格体系。

如果要深入研究与经济价值紧密联系又相互区别的社会价值，首先就要定义其基本的边界。我们所讨论的社会价值，并不是一般意义的市场价值即一个部门所生产的商品的平均价值，这类社会价值通常是由该部门内部各个生产者所生产的商品的个别价值的加权平均数来决定的。同时，也区别于哲学意义

---

① ［英］马歇尔：《经济学原理》上册，朱志泰译，商务印书馆1964年版，第105—110页。

② ［美］约瑟夫·阿洛伊斯·熊彼特：《经济发展理论：对利润、资本、信贷、利息和经济周期的探究》，叶华译，九州出版社2007年版，第127页。

上价值论所探讨的社会价值。20世纪80年代哲学领域所产生的价值论，是继本体论、认识论之后的一次飞跃，它所研究的是从价值发生开始，经自我价值体系、社会价值发生、社会价值主体结构、社会价值客体、社会价值运行，最终得出社会价值规律的过程。

与经济价值所紧密联系的社会价值，主要是指发自人类喜爱善良生活的愿望直接决定经济价值的基本社会要素。这些基本的社会要素包括四类：

一是人类自发向善的愿望，也可以说是由欲望所决定的内在的社会价值。关于人性，中国自古就有"性善论"与"性恶论"之说。其实，这两种理念都有道理，应该中和起来，才是一个完整的人性。社会价值所指的就是人们自然的向往美好生活的愿望，其中既包括主观地与人为善，也包括主观为自己但客观上也有利于社会的行为。

从个人的角度看，社会价值的集中体现就是企业家精神以及天命、使命和愿景的表达。真正对经济价值起最大作用的是有创新精神和有创新能力的企业家，他们应该是生产力的基本要素。在一定意义上可以说企业家也是生产力，甚至是更为重要的生产力。有的经济学家还特别强调企业家的节约意愿与冒险精神，尤其是愿意担当风险，愿意摆脱习俗和禁忌，愿意根据需要而迁徙等精神。只有这种类型的企业家，才能够对各类生产要素进行多样性的开发与组合，从而使之产生出经济价值来。

就一般意义而论，人类向善的欲望，往往会循着真善美之路不断攀升，在达到美的境界时，会更多地追求艺术，鉴赏力、想象力与崇高的情感等。这一类的社会价值，往往能够创造出文化与艺术的市场，在更高的层面引领经济价值。

从社会的视角看，人的善良的愿望往往会凝聚为一个社会的风俗、习惯，特别是至善观会转化为一种集体的公共精神。这类社会价值，客观上为经济价值奠定了深厚的根基并以此创造出多样化的社会环境。

二是知识体系与科学技术，这也是影响经济发展甚至是决定经济发展水平的基本要素。科学技术是生产力，对人们来说，这已经成为常识。经济学家刘易斯认为科学技术知识和社会知识同等重要，他把科学与技术的结合划分为三个阶段，即科学原理形成阶段、原理应用于某些技术问题的阶段、技术发展可以商业性运用的阶段。社会知识的创新与发明则经历不同的过程。而知识得到普及以及在实践中的应用也十分关键，只有系统的培训才可以使新的技艺得到更大范围的推广。所以他把知识的积累与努力节约、资本积累并列为经济增长的三大要素。①

知识体系与科学技术作为社会价值的重要载体，对于经济价值的影响是不言而喻的。尤其是进入信息技术时代，数字经济的发展、航天技术与生命科学的发展等，都意味着经济发展的形态与方向要发生根本性的转型。而如何生产知识，如何在科技与社会的知识体系方面实现系统性的创新，客观上决定着经济发展的前途。

三是社会结构与体制，包括公共政策等，这也是社会价值的重要体现。有的经济学家甚至认为这些属于"无形的财产"。

为什么说社会结构与体制是社会价值呢？应该说，是更为重要的社会价值。良善的社会结构和体制与公共行为尤其是公共政策，对于一个国家的经济发展是至关重要的。正如刘易斯所说："制度促进增长取决于制度使报酬和努力联系在一起的程度；取决于它们允许专业分工和进行贸易的范围；取决于准许找出并抓住经济机会的自由。"② 当然，这样的社会价值所展现的公共之善，并不是狭义的个体性的社会价值。

如果一个国家能够奉行民本主义并注重民生建设，就会促进经济不断健康发展。而社会福利与社会服务领域的公共政策的发展，则会创造出更为良好的经济发展环境。另外，如果一个国家注重混合所有制的结构，不局限于对意识形态性的执着，而对于反贫困的公共政策善于创新行政机制，则经济行为必然会有较为持续的经济活力。

四是社会创新精神与创新机制，同样也是社会价值的重要体现。社会组织关于兴办社会企业的理念与实践，包括推进志愿服务，与政府和企业之间从不同的角度倡导环境保护，秉承天人合一理念，再促进新能源的不断发展等，

---

① ［英］阿瑟·刘易斯：《经济增长理论》，周师铭、沈丙杰、沈伯根译，商务印书馆1983年版，第197—243页。
② 同上书，第170页。

同样也会创造出经济发展的新格局。

直接作用于经济的社会价值，可能还有更多的方面，但就总体而言，从以上四个方面进行概述可能更为全面。

社会价值影响经济价值的方式

社会价值如何作用于经济价值？或者说，社会价值影响经济价值的方式有哪些？随着社会价值的功能日益增强，对于这一问题的探讨，兼有经济与社会的双重意义。

总体上说，人类内在的由欲望所决定的社会价值对于经济价值有着根本性的直接影响。

这种影响的存在，如前所述，主要是因为有限的个体生命决定人类的基本需求是有边界的，但精神的需求是没有边界的，因而精神性的社会价值具有无限的发展空间。有限的有形财富欲望与无限的无形财富欲望之间有着错综复杂的关系。人类作为理性的社会动物，更多的是受到社会价值所支配的。比较典型的例子就是，人类为了自己的后代，可以节衣缩食以养育子女，这并不说明这些人不需要更多的食品与衣物，但是，一种养育后代的价值观却促使他们自觉地忍耐某种短缺。这类社会价值的影响方式，往往是直接的、大量的、经常性发生的，在许多民族中已经属于下意识的行为。

社会价值对于经济的影响也决定于文化习惯与传统。愿意为其他人付出牺牲的人们通常都会受到社会的称赞与褒奖，他们的事迹往往会被世代传颂。这样的一种传统，自然地把社会价值的引领作用提升到很高的位置。在文明古国，传统社会价值往往更具有特别的社会影响力。

包括科学技术在内属于知识体系类别的社会价值，对于经济价值既有直接的经济影响，也有间接而长期的影响，其影响的方式周期较长、范围较广、具有可持续性。

在知识体系中，不少内容很难说就是社会价值。一般来说，伦理学与价值论更多地具有社会价值性；认识论与本体论对于思维方式的探讨，则直接影响着人们的思维方式，其社会价值的程度较高。而对于相当多的科学与技术而言，主要呈现出工具性的功能，而很难说就是社会价值。不过，在智能时代，数字技术的广泛应用，特别是新能源与机器人的不断开发与普及，使得一些科技产品开始具有很强的伦理性，社会价值与一些产品开始结合起来，有的时候还会紧密融合，这是需要注意的新趋势。

知识体系作用于经济价值的方式主要有三种：一是通过传播一定的理念改变人们的思维方式，因为人类的经济活动主要受思想和意识的支配，如果促成了思维方式的转变，则人们的行动自觉性就会大大增加；二是人们通过多种形式的培训而得到知识和技能，从而提升劳动的熟练性；三是激发人们的创新性，从而促进科学与技术的发展使得经济发展水平得到质的飞跃。

关于社会结构与经济体制，包括公共政策等带有较强社会价值属性的要素，作用于经济生活的方式是相当广泛的。尽管个人的消费是有限的，但人类对于生活条件改善的追求是无限的。况且，公共需求和个体需求在相当多的情况下是不一致的。经济的发展特别需要良善的能够促进经济发展的社会结构与体制以及相应的公共政策。可以说，经济的发达程度与速度，往往就是由一个国家的社会结构和体制来决定的，人们把这类社会设施称为生产关系与上层建筑，这是典型的社会价值。

根据社会结构、经济体制与经济发展的不同互动方式，人们通常将经济体制划分为市场经济体制、计划经济体制与混合经济体制三类，也有的将其归纳为东方式、西方式等带有区域性特色的体制。市场经济更多地强调以社会自由的力量促进经济的活力，计划经济更强调以管理的力量促进公共的福利，混合型经济则是取市场经济、计划经济两者之长而互补，从而促成多元性的管理体制。林毅夫创造了新结构经济学并提出了"因势利导型政府"的概念，强调政府帮助私人部门利用比较优势的重要性，[①] 对于经济发展与政策之间的互动模式进行了多角度的分析。

---

① 林毅夫：《新结构经济学：反思经济发展与政策的理论与框架》，苏剑译，北京大学出版社 2012 年版，第 105 页。

关于社会创新精神与社会责任类的社会价值，更是人类社会进步的重要凝聚。这类社会价值，包括善待员工与自然环境、企业社会责任、志愿精神、公益慈善组织、社会捐赠、社会企业与社会服务等，其作用于经济发展的方式极为广泛且独特，从志愿型的奉献到使命型的社会服务，再到创新型的公益金融与社会企业的举办等，对经济发展日益产生较大的影响，直接导致善经济的蓬勃发展。

社会价值更为全面深入地影响经济价值，已经成为全球经济的一个总趋势。商业向善、科技向善、金融向善等，正在促成经济的全面转型与升级。分析经济向善的这一新趋势，透视与其相关的基本要素与结构，探索社会价值与经济价值之间的内在逻辑，是本书所致力的一个基本目标。

一个创新范例：黄宗智与"中国的新型小农经济"理论

2020 年 6 月，黄宗智所著的《中国的新型小农经济：实践与理论》《中国的新型正义体系：实践与理论》《中国的新型非正规经济：实践与理论》由广西师范大学出版社正式出版，他在这些著作中提出了许多石破天惊的理念，直接冲击着人们对于既定经济理论的认知结构。

黄宗智认为，近 30 年来，中国经历了一场深刻的农业革命，他甚至称之为"隐性农业革命"，人们伴随非农经济增长而来的收入提高导致食品消费转型，从 8:1:1 的粮食、肉食、蔬菜比例向当今大陆中上阶层和台湾地区的 4:3:3 比例转化。[1] 他特别写道：

> 中国这种农业现代化模式具有多重"悖论性"，它不是土地（和资本）密集的"大而粗"的农业，而主要是"劳动与资本双密集化"的"小而精"的农业。它的主体不是规模化的（雇工）资本主义企业生产单位，而主要是现代化了的小农家庭农场生产（尤其是一、

---

[1]　黄宗智：《中国的新型小农经济：实践与理论》，广西师范大学出版社 2020 年版，总序第 19—20 页。

三、五亩地的小、中、大棚蔬菜种植、几亩地的水果种植以及十来亩地的种养结合的小农场）。……在如今已经高度工业化的中国，小规模农场（即现代化了的小农经济）不仅顽强持续，还组成了中国现代化的一个关键部分。①

在这里，他发现了一个重大的事实，中国的小农完全可以成为现代化的农业，当然，这并不是人少地多式国家的农业现代化之路。

黄宗智进一步写到，中国农业迄今仍然基本是悖论的没有无产化的资本化和没有资本主义的现代化——其主体是使用越来越多现代投入的小农户。……今天农户其实既是农业生产现代化的主体，也是（通过打工）工业生产的主体，在那样的现实下，解决农民问题不仅需要农业方面的决策，更需要对经济整体的重新认识和思考。我们需要认识到中国小农农户长期持续的"半工半耕"特征，认识到其对中国经济发展所起的关键作用，以及其对扩大国内市场和内需所具备的巨大潜力。②

可以说，这些理论与实践结合式的发现，完全改变了人们对于中国农业现代化道路的认识，无论是理论意义还是实践意义，都是相当重要的。

而作为一个著名的美国学者，他甚至从特别的视角来解读中国革命。他写道，中国共产党胜利的一个关键因素在于"得民心"，在其把劳动人民从阶级剥削中解放出来的马列主义意图之上，更加上了党的"为人民服务"的崇高道德理念。毛泽东思想的洞见在于他非常清晰地认识到众多理论家和学者所忽视的关键问题，即如何在理论和实践间进行媒介和连接。③

他明确地提出，中国正处于一个历史性的转折点，需要设想、创建可以长期持续的、具有中国"特色"的、"万世之法"的正义体系。④

对于理论界的现状，黄宗智直言不讳，他提出了自己的意见：

今天占据主流，乃至霸权地位的新自由主义理论和话语仍然借

① 黄宗智：《中国的新型小农经济：实践与理论》，广西师范大学出版社2020年版，总序第21页。
② 同上书，总序第22—23页。
③ 黄宗智：《中国的新型正义体系：实践与理论》，广西师范大学出版社2020年版，第32—33页。
④ 同上书，第9页。

用西方理论和经验坚称：在经济上，中国已经进入了一个（市场经济必定会导致的）整合的单一劳动力市场的"刘易斯拐点"；在社会结构上，已经成为（市场经济必定会导致的）两头小、中间大的"橄榄型"社会；在法律上，已经适用把劳资关系视作权力对等的市场经济合同关系（而不是旧劳动法律所认定的支配与被支配关系）等一系列违背实际的主张。我们要认识到，如此牵强的新自由主义理论本身，便是整个历史性变化过程中的一个组成部分，是其霸权话语，也是其自我辩护，更是其对实际的劳动民众的一种掩饰事实的"象征暴力"。[1]

这些语言，尽管尖锐，但确实振聋发聩，应当引起社会的警觉。确实，完全以钱为本从而冲击社会价值的各类现象，需要在理论上被系统地澄清。

---

[1]　黄宗智：《中国的新型非正规经济：实践与理论》，广西师范大学出版社 2020 年版，第 2—3 页。

第一章

人类发展的新高度

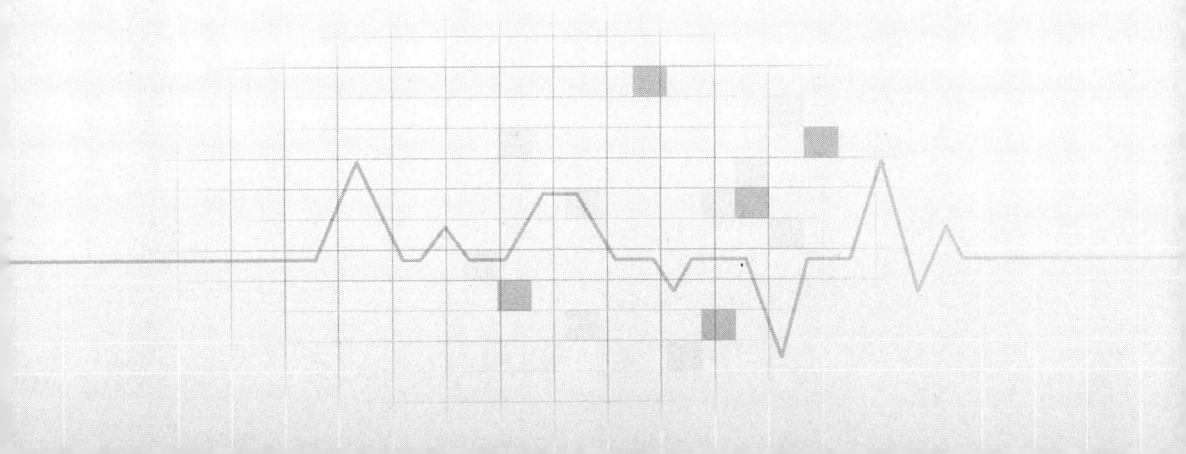

人类文明的进步往往是一个发现与再发现的过程。当人们还在纠结于全球新冠肺炎大流行与局部地区战争和冲突的严重后果时，经济与社会的发展其实已翻开了完全崭新的一页，新的发展格局与方向才是令人惊异又带来巨大挑战的"灰犀牛"！

　　历史的发展确实正在经历着百年未有之大变局！仅仅从现象上看，好像和平与发展已经不再成为世界的主基调，而战争与革命又一次提上了日程，历史似乎又要倒退几十年。但是，如果进行稍微的纵深分析，就能够明显发现当前百年变局与历史上任何一个时期的根本不同点，那就是人类社会生产力发展的新高度。由人类社会高度发达的生产力水平所决定，生产与生活各个领域的发展方向中存在的各类社会矛盾，甚至是国家之间的矛盾，都有着大大小小完全不同于以前的格局。这种发展的新高度，既是半个多世纪以来国际社会和平与发展的结果，同时又会促使社会发展呈现出不同的结构与运行方向。

　　如果回顾刚刚过去的 21 世纪前 20 年，人们不难发现：这是人类历史上经济空前快速发展的时期。正是这 20 年的全面发展，使得世界经济达到了新的发展水平，产生了多个方面的深刻变化，开辟了新的经济与社会发展模式，从而拉开了善经济发展阶段的大幕！

世界人均 GDP 达到 1 万美元的新水平

世界人均 GDP 达到 1 万美元是 21 世纪前 20 年尤其是前 10 年最为重要的基础性、根本性变化，即人类社会的生产力水平进入到了一个崭新的高度。

打开不同类型的统计数据，尽管有多方面的差异，但是，一个共同点就是：2019 年，世界主要国家和地区人均 GDP 超过 1.1 万美元，中国达到 1 万美元。也就是说，中国与世界的平均发展水平，均超过 1 万美元！

人均 GDP 超过 1 万美元，是生产率高度发达的一个重要标志。在全球人均 GDP 只有几百美元的 20 世纪 70 年代以前，甚至包括低于 3000 美元的 1986 年以前，短缺经济都是世界上较为普遍的现象，许多产品特别是生活必需品往往都是供不应求。当时不少国家发明出了食品券、衣物和用具的票证制度，从而限制人们的购买数量以保证基本生活，除少数发达国家之外，绝大多数人口尚不能解决温饱问题，大家梦想的共产主义就是"土豆烧牛肉"而已。

但是，进入 20 世纪 90 年代以后，随着全球人均国内生产总值超越 4000 美元，世界开始从整体上告别短缺，商家广泛运用广告推销商品，各类优惠促销逐步成为常态，优惠券代替了票证，物质丰富的态势逐渐成为全球的主流。这种从短缺经济到过剩经济快速转型的趋势，必然深刻地刷新人类生产与生活的多个层面。

看一下历史数据就知道人类逐步加快的发展步伐：

根据世界银行的统计，1960 年，全球主要国家和地区的国内生产总值为 1.3 万多亿美元，人均为 400 多美元！1970 年，还只是 2.9 万多亿美元，人均近 800 美元；1980 年，则达到 11 万亿美元，人均接近 2500 美元！这以后，增速加快！

1990 年，全球 GDP 达到 22.5 万亿美元，人均开始超过 4000 美元。也就是说，这之前的 10 年间，世界的 GDP 翻了一番，增长了 11 万亿美元以上，人均 GDP 则迈上了大台阶。

2000 年，全球 GDP 为 33.5 万亿美元，人均为 5400 多美元。这意味着，

20 世纪 90 年代后期至 21 世纪初的 10 年间，全球 GDP 的增加量依然为 11 万亿美元，保持了 80 年代的增速。

最让人意想不到的是 2010 年的数据！这一年，全球 GDP 达到 65.9 万亿美元，人均为 9500 美元！这个数据较 2000 年的 33.5 万亿美元，已经超过了 32 万亿美元，人均则多出 4000 美元以上。随后到 2011 年，全球 GDP 超过 70 万亿美元，人均 GDP 超过 1 万美元。一点也不夸张地说，21 世纪之初的 10 年，是人类社会发展速度最快的时期。尽管发生了 2008 年的金融危机，人类社会的生产力水平在这 10 年间还是创造出了一个巨大的发展奇迹！

2019 年，全球 GDP 为 87.75 万亿美元，人均 GDP 为 11436 美元。可以说，2011 年到 2019 年，全球发展是在人均 GDP 1 万美元基础上的巩固与内部平衡时期。

与世界比较，根据中国国家统计局的数据，2000 年中国的 GDP 为 1.2 万亿美元，人均为 959 美元；2010 年的 GDP 为 6.1 万亿美元，人均为 4550 美元；2019 年的 GDP 为 14.3 万亿美元，人均达到 10262 美元。

世界与中国人均 GDP 均达到 1 万美元，是人类发展的一个极为重要的新高度。

就绝对人口规模而言，2019 年全球人均 GDP 超过 1 万美元的 60 多个国家，总人口已经超过 27 亿。也就是说，在全球近 77 亿人中，已经有三分之一以上的人口人均 GDP 超过 1 万美元。当然，在发达国家中，有的已经超过 6 万美元。

世界人均 GDP 超过 1 万美元，最为重要的意义在于，它意味着人类生产力水平的高度发达。以全球的汽车生产量为例，2019 年，已经超过 9000 万辆。而粮食产量，则超过 27 亿吨。钢的产量，已经达到 1869 百万吨。如果依据经济危机即产品过剩的判断标准，可以说，当前的生产能力远远超出了历次经济危机时期生产过剩的水平。如果不是存在着各类体制性因素的障碍，世界目前的生产力水平完全可以养活地球上的全部人口。

在生产力高度发达的条件下，市场经济的一大现实挑战就是，如何才能发现市场的有效需求？因为一旦发现这类需求，有关国家的相关企业完全可以合力生产出相应的产品来进行满足。最为奇特的一个案例就是，2020年初全世界遭遇的新冠肺炎疫情，使得口罩与医疗防护服一时成了紧缺用品，但是，仅仅3个月左右的时间，以中国为典型代表的国家迅速调整产能，很快就生产出相应的产品，满足了世界各国抗疫的需求。这一经济奇观，在今后的世界经济发展进程中将会不断重复出现！

生产力一旦高度发达，经济的增长方式、人们的生活方式都会发生根本性的变化，传统的建立在短缺经济基础上的理论与思维方式也将经受新的严峻考验。人们要适应如此发达的生产力水平，还需要进行多方面的调整。最为重要的，是人们需要清醒地意识到当前的生产力水平。

世界发展新格局：同步工业化、城镇化、信息化、全球化

全球发展的第二个奇观就是，许多不发达地区在近20年同步开启了工业化、城镇化、信息化、全球化的进程！有不少国家与地区，还开启了农业的现代化进程，也就是说，工业化具有相对的独立性，农业自身没有与工业化同构，倒是在现代的条件下，农业自身开启了全面现代化的进程。

需要特别说明的是，在近代几百年的历史发展进程中，发达国家主要是沿着工业化、城镇化、信息化、全球化的方向循序递进发展。这个进程是通过不同的时间阶段在几百年内递进发展的。

第一阶段，主要是工业化的进程，人们通常认为其始于18世纪60年代，基本是以大规模的机器生产为特征的工业生产活动打破原有的社会劳动组织系统，伴随着资本积累与科学技术的发展，大大提高了劳动生产率。这个过程在西方世界持续了一百多年。最著名的就是在英国发生的土地集中化养羊而不再从事农耕的模式变化，圈地养羊是为了获得羊毛以发展纺织业，人们通常称之为"羊吃人"的过程。

第二阶段，是城镇化、城市化的进程。这是与工业化紧密结合但又是作为工业化的结果而稍后于工业化的进程，人们通常认为它是从1800年开始然后不断加快。这个进程，主要是农村人口大量集中于城镇以参加工厂就业的

过程。从 1800 年到 1950 年的一百多年间，世界总人口增加了 1.6 倍，城市人口则增加了 23 倍。美国在 1870 年时，城市人口为总人口的 20%，而到了 1920 年，城市人口则迅速上升到 51%。而在世界范围内，1900 年的城市人口比例为 13.6%，1950 年为 28.2%，1960 年即达到 33%，1970 年上升为 38.6%。城镇化的进程，确实是一个基本的发展趋势。不过，需要说明的是，在欧美国家和地区尤其是在美国，从事农业劳动的人口往往实行农场制度，农民并不是聚村居住，而是以家为一个居住单元，城镇化实际上就是居住方式与工作方式聚集化、工业化同时也是工人阶级与生产资料分离的过程，这与亚洲主要国家和地区长期形成的村庄聚居传统并不一样。

第三阶段，是信息化的进程，通常称之为信息化社会、信息社会、知识社会。网络上普遍对信息社会的定义是：以电子信息技术为基础，以信息资源为基本发展资源，以信息服务性产业为基本社会产业，以数字化和网络化为基本社会交往方式的新型社会。

信息化的发展同样经历了一个较长的过程。20 世纪 60 年代，开始产生信息化概念。到了 20 世纪 80 年代以后，信息技术不断发展，信息产业逐渐成为重要的产业并发挥出巨大的社会与经济影响力，信息技术、知识经济日益成为主导的经济，信息、知识、物质、能量一起成为重要的生产力要素，信息社会、知识社会成为重要的概念并为人们所接受。人们甚至将农业社会、工业社会、信息社会并列，认为它们是人类文明的三个基本发展阶段。

2006 年 3 月的联合国大会正式通过决议，确定自 2006 年起，每年的 5 月 17 日为"世界信息社会日"，标志着信息化对人类社会产生着日益巨大的影响。

第四阶段，是全球化的迅猛发展。尽管人们对于全球化的概念还存在着较多的争论，就贸易的开放程度、资本流动、科技与文化交流、劳动力流动和文化融合等方面而言，全球化的进程确实是在 20 世纪 90 年代以后日益加强。联合国和世界贸易组织、世界银行等国际组织仍然作为处理多项国际事务的基本框架，但同时则出现了二十国集团、上合组织、金砖国家、亚太经合组织、北美自由贸易区等组织，签署了包括 2020 年亚太 15 国签订的《区域全面经济伙伴关系协定》(RCEP)、《中欧全面投资协定》等，这些新的国家级的融合行动，标志着世界经济与社会之间的一体化日益加快、加深！而在经济关系的联结方面，据世界贸易组织提供的世界主要国家和地区货物进出口的贸易额的数据，2000 年出口额为 64540 亿美元，2020 年则达到 175829 亿美元；2000 年进口额 66475 亿美元，2020 年则达到 178121 亿美元。

这样一个历史性的进程，大家并不陌生。有所不同的是，进入 21 世纪，发展格局出现了根本变化。超出人们预期的是，发展中国家开始打破时间的发展顺序，出现了"弯道超车"的现象，在全球范围内兴起了同步工业化、城镇化、信息化、全球化的历史进程。其突出表现为，由于信息化、全球化的发展，亚洲、非洲、美洲甚至包括欧洲的部分地区，是在进入信息化与全球化的前提下开启了工业化与信息化、农业现代化的进程，这样的进程与传统的发展经济学所揭示的理论与实践案例完全不同。

以中国为例。1964 年，周恩来在政府工作报告中提出：在 20 世纪内，把中国建设成为一个具有现代农业、现代工业、现代国防和现代科学技术的社会主义强国。1978 年，中国再次确定实现"四个现代化"的目标。而邓小平所确定的 21 世纪中期中国的奋斗目标则是，中国人均 GDP 要达到 4000 美元，全国 GDP 要达到 6 万亿美元。

实际的情况则是，中国在"摸着石头过河"式的探索过程中，既保持了国家的基本稳定，同时也探索出了一条中国特色的道路和办法，通过几十年时间在相当多的方面实现了发达国家 200 多年才能实现的发展指标，在全面加入全球化、信息化的发展进程中，在避免两极分化的条件下，全面建成了小康社会，人均 GDP 在 2019 年即达到了 1 万美元以上。

在较短的时间内同时推进工业化、城镇化、信息化和全球化，是一个相当困难的巨大挑战。这主要是因为工业化会污染、城镇化要拆迁，其间产生的多方面错综复杂的利益矛盾需要予以处理。

要引进企业，推进工业化，有的企业会产生大量污染要怎么处理？人类并没有在污染不太严重的前提下同时推进工业化的经验，欧美主要发达国家的工业化进程中都曾经发生过相当严重的污染事件。城镇化也是一样，要修公路和高速路、盖大楼建工厂，就不可避免地要拆迁，这更是极为难办的事情，在发达国家经过十几年甚至几十年谈判才得以解决拆迁矛盾的案例比比皆是，中国能够经受这样漫长的等待吗？而由于信息化与全球化，许多矛盾更难以处理。

更大的挑战还在于，如何在经济起飞的过程中实现共同富裕、避免两极分化，同时还要在广袤的国度内开展环境保护、治理污染，确立"绿水青山就是金山银山"可持续发展的理念和机制。

中国所面临的挑战，也许是发展中国家普遍面临的共同挑战。而中国有14亿多人口，这样的挑战更加艰巨！

难能可贵的是，中国确实已经走出了十分独特的超出一般发展经济学理论的中国式现代化的发展道路。中国的改革开放尤其是2012年以来的经验证明，发展中国家完全可以在较短的时间内同步推进工业化、城镇化、信息化、农业现代化和全球化！

21世纪多个发展中国家的经验表明，发展中国家的现代化进程，正在独辟蹊径。依据国情，在没有生搬硬套既有经验的基础上探索出自己的管理与协调同步推进现代化发展的经验。

毫无疑问，这是一条与传统意义上的现代化道路有着重大不同的发展道路。公共政策在这一历史进程中的作用相当突出。21世纪前20年，一种新的发展格局已经展现。

应该说，中国的实践，客观上是人类发展经验的有机组成部分。如果从发展经济学的角度来看，需要从公共政策、社会治理和中华文明的内在逻辑方面进行多视角的探索，也需要对流行的教科书中的经典公式进行修订。也许，2020年以来应对新冠肺炎疫情的实践，只是从世界范围内揭开人类历史发展不同逻辑的开始。

社会服务业的主导趋势

世界发展新格局的第三个特点是社会服务业尤其是生活性服务业包括健

康、养老、托育、文化、旅游、体育、物业等的崛起。

打开各类统计资料，很容易发现，在世界各国的产业结构中，发达国家第三产业的产值一般都会占到70%左右。有一种意见认为，第一产业即农业和第二产业即工业占比过少，是发达国家的一个问题，因此不能让直接关乎国计民生的产业占比过少。这种意见也许有一定道理。不过，从全球发展的现实与趋势看，第三产业占比日益超过第二产业，确实是一种强劲的势头。这种势头也许有着内在的社会需求。

我们先按照通行的产业逻辑来分析。

对于农业、工业之外的第三产业，尽管各个国家有不同的分类，但在基本要素方面，还是有不少共同点。各国通常把第三产业的内容包括流通和服务两大部门具体分为四个类别，那就是：流通部门为第一类，即交通运输业、邮电通信业、商业饮食业、物资供销和仓储业等；生产和生活服务的部门为第二类，包括金融业、保险业、地质普查业、房地产管理业、公用事业、居民服务业、旅游业、信息咨询服务业和各类技术服务业等；为提高科学文化水平和居民素质服务的部门属于第三类，包括教育、文化、广播、电视、科学研究、卫生、体育和社会福利事业等；第四类是国家机关、政党机关、社会团体、警察、军队等，基本上属于一种公共服务性机构，通常不计入产值统计。

从第三产业的类别看，这些服务业都是国家经济发展不可或缺的部分。需要注意的是，第三产业与农业和工业的最大区别在于，它不直接生产食品，也不生产衣服和汽车、飞机等产品，其最大的产品是服务。当前国际通行的标准是通过第三产业的占比来判断国家发达与否。发达国家往往是第一产业构成只占10%以下，第二产业的构成占30%左右，第三产业即服务业占据60%以上。这样的格局，在2000年甚至更早的时候已经全面形成。美国的第三产业在这个时期甚至达到70%以上。可以说，流行的观念是，大力发展第三产业已经成为国家现代化的一个标志。

一般而言，第三产业十分落后的，往往属于传统社会。在这样的社会中，人们通常认为从事第三产业的是城里"吃闲饭"的人，只有解决吃饭穿衣的产业才是最重要的，知识产业、科学技术、社会服务业都不会受到太大重视。而当第三产业不断地改进着生产条件和人们的生活条件并提升着人们的文化与科技水平，使其达到一定阶段的时候，人们就会突然意识到，发展第三产业，既是手段，也是目的！

一个国家的产业结构，随着工业化的发展，第一产业占比低于10%，第三产业占比超过50%，服务业成为重要支柱产业的时候，国家的发展往往会达到中等收入水平并开始向较为发达的水平迈进。第三产业的引领性功能十分突出。

对于以生产性服务业为主的金融业、房地产业、交通运输业等部门的重要性，人们比较容易接受、理解得更深入。其中蕴含着一个朴素的道理就是：要想富，先修路；修路才能挣钱，金钱才是财富的最基本的表现方式！但是，在人均GDP超过1万美元并且伴之以高度发达的信息化以后，在发展第三产业方面，出现了两个重要的趋势：第一是人们开始区分生产性服务业与生活性服务业的类别；第二是信息化促成了新型基础设施建设。

生产性服务业与生活性服务业的区分被列入有关国家的国民经济发展规划，既反映了现实的发展趋势，尤其是生活性服务已经开始成为巨大的社会需求，原来依赖于家庭和个人的各类生活性服务不能再满足现实的需求，特别是养老、托育、家政等社会事务；同时也说明，人们已经具备了更高的消费能力，在人口较多的国度里，生活性服务已经成为重要的产业需求，因而需要予以系统规划。

生活性服务业有着广阔的发展空间。在人们达到小康生活水平之后，进一步改善生活使之更加美好的要求已经成为新的主旋律。这就要涉及人们日常生活的各个方面，在养老与托育之外，还包括大健康、文化、旅游、体育、物业等，几乎每个产业，都会涉及大量的就业人口与GDP的结构，也都有较大的体量。

新型基础设施，包括信息基础设施、融合基础设施、创新基础设施等。与传统的基础设施不同，新的基础设施，既要天地一体，又要集成互联、安全高效、泛在连接等，与生活性服务业密切融合，又要完全依赖高科技的发展，特别是通信、导航、遥感空间基础设施体系等，这些是需要运用大量高新技术的巨大社会工程。这些高新技术产业，有的已经深度融入农业和工业体系成为其有机组成部分，展现出新的产业发展趋势。

第三产业的发展所促成的生产条件的改善和生活条件的改善，确实使社会发展进入到了高质量发展阶段。新的发展阶段，正在日益促使人们生活方式发生深刻变革。甚至社会治理方式也在随着人们生产条件、生活条件和生活方式的变化，进行着全面系统的调整。

第三产业的发展，必然促成公共福利的极大改善，随之带来人们理念与生活方式的根本转型。仅仅以国家的公共福利为例，在相当长的时期中，人们都在争论社会福利是否"养懒汉"的问题。很多人不假思索就会立即回答，绝不能养懒汉！但是，以中国的城乡最低生活保障制度为例，恰恰就是不问原因，也要保证城乡居民有饭吃，还要保障城乡居民有房住，甚至房子太破了还要由政府来修建！在中国政府发起的脱贫攻坚行动中，许多地方扶贫的一个重要手段是由贫困户来签字以认可是否脱贫，由他们来判断结果。如果按照几十年前的传统观念，这不是最大的"养懒汉"吗？其实，日益健全的社会保障体系，就是社会进步的最重要的表现之一。

另外，随着第三产业的发展，人们对于生产力与生产关系的理念也会发生变化。比如，在统计第三产业的产值的时候，公务人员的活动往往被认为是不产生经济价值的。但是，在中国的脱贫攻坚行动中，国家动员了上百万的公务人员到村中长期担任"第一书记"，其最重要的任务就是发展生产，改善贫困村庄的生产条件与生活条件。这些公务员工作中的一项任务就是担任贫困地区的产品推销员，甚至包括中央电视台、中央人民广播电台这样的媒体，也在为贫困地区的产品销售服务。这些公务人员，究竟有没有产生经济价值？他们确实是在经营，但这也许是一种新型的第三产业！

元宇宙与信息技术革命

世界发展新格局的第四个特点是元宇宙与信息技术革命的迅猛发展。这是一场巨大的经济与技术革命，其势头远远超过工业革命。

人类刚刚接受 5G 的概念及与之相关的产业，随之元宇宙（Metaverse）的概念又开始传播开来。据说，元宇宙是利用信息技术进行链接与创造的并与现实世界映射交互的虚拟世界，它是具备新型社会体系的数字生活空间。元宇宙化的过程，本质上就是对现实世界的虚拟化、数字化过程，这就需要对内容生产、经济系统、用户体验以及实体世界的多个方面等进行系统性的改造。它需要在共享的基础设施、标准及协议的支撑下，在众多工具、平台不断融合、进化后最终成形。这样一个系统，特别需要扩展现实技术提供沉浸式体验，也需要基于数字孪生技术生成现实世界的镜像，更需要区块链技术以搭建经济体系，从而能够将虚拟世界与现实世界在经济系统、社交系统、身份系统上密切融合，还要允许每个用户进行内容生产与编辑。元宇宙所展示的，将是人类社会的崭新未来。

人们正在日益广泛地体验科学技术对人类生活的影响力。比如，什么人能够改变整个人类的集体行为方式？可以说，无论哪个人都无法达成这种效果，因为人们生活在不同的国度中有不同的文化与习惯！

但是，信息技术做到了！

人们很容易发现，现在的成年人甚至很多中小学生，几乎每个人都有一部手机。阅读手机的信息，与友人联系，可以随时随地进行。于是，一个"奇葩"的现象出现了，人们不仅仅在家庭聚会时放不下手机，甚至走路也要低头看手机。为了交通安全，许多地方都有提示人们走路特别是过马路时不要看手机，开车时接打电话已经成为许多地方处罚规定中的一项内容。

人类普遍成为看手机的"低头族"！这是 21 世纪的奇观！

为什么能够如此？人们都知道，就是因为有了手机并且其功能在不断地被拓展！

继通信功能之后，手机又具备了支付功能。这样一来，现金的流通性在许多地方被大大减弱了。在中国，出租车甚至是小商贩，都喜欢用手机来完成支付与交易。因为使用现金太麻烦了，要找零钱，还不容易识别货币的真伪。与之相应的是，信用卡的作用在减弱，公交卡也正在被手机付费取代。手机的功能还在拓展。

2020 年 11 月，国务院办公厅正式制定切实解决老年人运用智能技术困难的实施方案，针对不少老年人不会上网、不会使用智能手机，在出行、就医、消费等日常生活中遇到不便的情况，要求政府各个部门展开全面行动，在细节上解决老年人面临的"数字鸿沟"问题。可以说，这是世界范围内第一个系统解决老年人运用智能技术问题的中央政府方案！

这场信息技术革命的发展前景会有多么广阔？目前，全世界正在普及 5G 技术，甚至此项技术的竞争已经成为国际重大政治事件。看来，技术与国际政治已经紧密联系了起来。这表明，信息技术已经成为国际政治的重要关注点！

更为深刻的革命则发生于日常生活之中，智能化的机器人日益精进，正在广泛地运用于多个行业尤其是服务业之中。智能化、自动化正全面进入人们的家庭生活，新能源汽车与自动驾驶的结合，也许昭示着一场新的工业革命！

随着信息技术革命的日益发展，人们不仅对生活方式的变革深有体会，甚至对于人类的未来也开始畅想：后人类时代正在来临，将来的人类到底会是什么样呢？

万物互联互通，人类也开始正在成为互联互通的有机组成部分！人类将如何适应或主宰这样一个互联互通的历史进程呢？起码，技术正在强迫人们产生适应性，低头族是其中最有形的一个写照！

天人合一，看来不仅仅是一个智慧的哲理，甚至还作为一个现实的物理现象正成为一个基本的历史发展趋势！

人们又一次开始重新思考：人是什么？人与自然的关系是什么？人类在自然界中的位置是什么？诸如此类问题的提出，就意味着另一场科学技术革命风暴的来临！

人类社会确实面临着一个新的历史分界点。传统的科学规律正在被打破，科学似乎也不那么科学，人们正在越出传统意义上的科学界限！从这个意义上说，有人提出的人类社会不再有公元前和公元后，而只有 2020 年新冠肺炎疫情前与疫情后，也许有一定道理。

元宇宙，有可能会逐步成为人类生活的新形态。

知识社会的深度发展

世界发展新格局的第五个特点是知识社会的日益深度发展。这是德鲁克在 20 世纪 90 年代所阐释的重要理论，集中体现为知识社会和知识工作者两个基本概念。

什么是知识？如何探索知识？知识如何产生？如何使用？诸如此类的问题，一直是人类思考的一个重要课题。

古希腊的哲人将最高的知识定义为"真"，求真，就是生产知识的过程。欧洲文艺复兴以后，人们又开始思考人类知识的起源、知识的改造、知识人的使命，并提出了知识就是力量等的著名命题！

中国古代的哲人将最高的知识定义为"道"，得道、求道，成为人们的最高追求。最早，以生产知识为职业的"士"受到政府的礼遇，后来，科举制度的创立，使得学习知识成为人们进入政府担任官员的基本条件。

古代印度的哲人则将最高的知识定为"梵"，认为这才是宇宙的自我、本原或本质。

这三种对于最高知识形态的概括，奠定了不同文化的根基！

到了近代，知识进一步简化为专业化的人文与科学体系，知识与市场经济联系起来，进入国计民生的各类应用领域，而科学发现又成为富国强兵的重要手段。

总体上，知识经济、知识社会、知识工作者的概念，是经过美国管理学家德鲁克和未来学家阿尔文·托夫勒的倡导与推广而为人们接受的。托夫勒认为财富革命的一个基本标志就是知识社会的来临！

托夫勒在《财富的革命》一书中将知识属性定义为十个特点：知识就其性质而言并不是对抗性的，使用知识的人越多，用知识创造知识的可能性就越大；知识是无形的；知识不是线性的，很小的灵光闪现可以产生巨大的效益；知识是相关的；知识与其他的知识嫁接；知识比任何其他的产品都更便于携带；知识可以被压缩成符号或者抽象物；知识可以被储存在越来越小的空间里；知识可以是明确的或者不明确的，可以是表达了的或者是未表达的，可以是分享的或者是默认的；知识很难装进瓶子里，它会泄漏出来。①

在知识社会来临时，人们已经很清楚地看到，产业发展开始主要依靠科学技术。中国甚至有一个十分特别的表达：科学技术是第一生产力！人们甚至将资本区分为"旧钱"与"新钱"，把主要依赖制造业所产生的利润称为旧钱，而将依赖高科技发展的产业所挣得的利润称为新钱。依靠高科技尤其是信息技术所创造的财富的特征往往是几何级的快速增长，在较短的时期内能够发展出上百亿甚至上千亿元市值的企业来。知识经济的发展在信息时代表现得尤其突出，确实构成了巨大的经济发展浪潮！

当全球人均 GDP 达到 1 万美元，世界 27 亿人口人均 GDP 已经超过 1 万美元的时候，知识经济已经成为人们广泛接受的现实！尽管知识社会还有待于人们的进一步认可，但无论如何，知识的生产已经成为人们的日常工作基本内容。包括农业与工业的发展，也都开始依赖于该领域的知识生产特别是科学技术的发展。知识社会客观上正在深度发展！

如果说，人们已不再怀疑科学技术的价值的话，那么，随着生活性服务业的日益发达，人文学科的知识价值也在迅速提升。社会工作、心理咨询、创意与品牌、文化、艺术与旅游等，都开始成为重要的产业。如何在社会科学领域实现更为全面的知识生产方式升级，使之产生更好的经济与社会效益，已经成为经济发展的一大挑战。

一旦知识成为一种产品形态并且与人们日常生活紧密联系起来，知识生产方式的优劣就显得日益重要。如何才能更好地学习知识和生产知识，使知识真正能够满足社会的需要，这开始考验各类"知识工人"或者中国所通称的知识分子的知识生产能力。在大众生活中，有一些通用的知识生产方式已经引起人们的关注，除了学校之外，思维学习、语言学习以及各类应用型知识等的学习已经开发为不同类型的商业产品来为社会服务，同时展现出广阔的市场。而

---

① ［美］阿尔文·托夫勒著、海蒂·托夫勒：《财富的革命》，吴文忠、刘微译，中信出版社 2006 年版，第 98—99 页。

在知识生产方式不断升级换代的过程中，知识的继承与发展、知识的多样化形态的生产问题开始提上日程。各种类型的知识有着不同的生产方式，不可能用一种生产方式适用于所有的知识生产过程。求真、问道、知梵，都需要因时因地制宜。

在知识社会全面来临之际，知识生产方式的系统转型已经成为一种常态。在相当长的历史时期中，通过记忆和背诵既有的知识然后再生产出新知识是有效的学习方式。而在知识社会，只有加快知识的生产速度，在继承的基础上不断生产新的知识以解决相应的社会问题才能满足社会需要并产生出有效的价值。

从更为广泛的视角看，知识的生产与开发、传播、普及的链条也在不断地扩展。从个人到团队，从一个团队到世界范围内的综合团队，通过网络来从事新的知识生产，已经成为重要的发展趋势。

当知识成为财富新形态的时候，人们会发现，知识作为财富形态与货币形态的财富有着不同的性质，知识是一定要共享，而且越共享就会越加速度地增长。财富的内在逻辑开始发生深刻变化！

知识社会需要新的财富价值观！当然也需要新的知识社会价值观！

长寿时代：人类寿命的延长

世界发展新格局的第六个特点是，经济水平的大幅度提升与生活条件的深度改善，使得人类寿命大大延长。进入 21 世纪，人类开始快速进入长寿时代！

人们所熟悉的一个数据是，联合国人口司《世界人口展望 2019》公布，2019 年世界人口平均预期寿命已达到 72.6 岁，比 1990 年提升 8.4 岁，预计 2050 年全球平均预期寿命达到 77.1 岁；1990 年全球 65 岁及以上老年人口约占总人口的 6.2%，2019 年则上升到 9.1%。

据中国统计部门数据，中国居民的人均预期寿命已经由 2018 年的 77.0 岁提高到 2019 年的 77.3 岁，而在 1990 年中国居民的人均预期寿命为 68.55

岁；1990 年，中国 65 岁及以上老年人口为 0.64 亿，占总人口的 5.6%，2019 年则达到 1.76 亿，占总人口的 12.6%。

在中国历史上，"人生七十古来稀"是人类寿命的真实写照。而到了 21 世纪，人们开始流行另一种说法：人活八十不稀奇！人活九十才可以说古稀！北京、上海等地的人均预期寿命都已经超过 80 岁！

听到人类寿命的延长，人们的第一反应就是：养老压力太大了！当然，老龄化的压力是客观存在，在老龄社会到来之际，人类社会确实面临着多方面的挑战，应该进行积极的应对！

但是，老龄社会的来到，也给不同文化背景的国家带来不同的结果。最为突出的理念就是，老年人并不是社会的包袱，他们实际上是一座丰富的金矿，需要进行深入的挖掘！

以中国为例，60 岁以上的老年人在 2021 年已经超过 2.6 亿，再加上妇女退休年龄为 55 岁，中国真正领取退休金和城乡居民养老保险金的人口已经超过 3 亿。这 3 亿人口，绝大部分都开始为子女特别是孙辈服务，成了家庭志愿服务者，全面承担起子孙的照料以及各类家务。这些人不少都是经验丰富的行政工作者、教育工作者或技术熟练的工人与农民，他们为子女所提供的服务，不仅不收取费用，还要贴补子女房贷及相关费用。在这样的服务中，既凝聚着老一代的关爱，更奉献着他们人生几十年来在各类工作岗位的经验与智慧，从而坚实地保障了年轻一代能够更好地投入到工作之中。这样一支特殊的老年服务大军，肯定是人类历史上家庭服务业领域产业大军的一个奇观！

长寿时代使得人类的经验积累更为丰富。老年人所拥有的经验由于年龄的延长而得到更好的保持与传承。这种新的社会条件促使许多新的就业群体和社会服务业产生，咨询业的兴起，社会领域各项事业的开拓则更有赖于老年人的经验。这些要素的综合作用，客观上促使社会创新的节律正在以稳健的态势全面加速。

在长寿时代，老年人的社会需求也在促成相关产业的发展，尤其是社会保险业、大健康产业蓬勃兴起，养老服务业更是方兴未艾。在这个领域，相当多老年人的积蓄传统和社会保障制度的完善使得他们有能力在提高生活质量方面进行多方面的投入，包括国内与国际旅游活动的参与、异地养老、养生保健活动等。在有的地方，老年人的学习热情不减，老年大学的招生名额供不应求。

客观上，在全球范围内，一个生机勃勃的有活力的积极老龄社会正在形成。长寿时代客观上给予高质量发展更多的产业需求，一个不以赚更多钱为动力而以奉献和共享为目标的巨大老年群体，在信息技术的支持下，正在对人类社会产生着深远的影响。

慈善的经济价值：新社会伦理的拓展

世界发展格局的第七个特点是，由于经济发展水平的全面提高，在慈善领域也开始了社会伦理的新拓展。

在相当长的时期中，慈善就是捐赠，包括捐钱、捐物、捐出志愿服务等。而在新的历史时期，慈善也开始与经济发展和社会转型结合，展现出新的活力。

典型案例展示出的活力，让人无法想象。这里仅举中国的几个案例。

第一个是社会企业的案例。不说历史，只说现在，在改革开放后，如何在缺乏资金的条件下使得贫困人口快速脱贫？中国政府提出了社会福利企业和社会对口扶贫两个办法。一个办法就是由民政部推广社会福利企业，鼓励残疾人就业。结果，在较短的时期内即在 20 世纪 90 年代就促成了年度残疾职工达到几十万人，年度利润额达到几十亿元的局面。而由国务院扶贫办发动的对口扶贫，迅速发展为机关对口、区域对口扶贫机制，最终创造了中国扶贫的成功经验。到了 2015 年，发展成为国家级的脱贫攻坚行动，2020 年中国正式告别绝对贫困！

另一个是互联网大众慈善的发动。在互联网的条件下，一个慈善项目如何才能使上千万的人们同时参与捐赠活动？腾讯基金会联合多家基金会在 2015 年推出 "99 公益日" 项目，坚持每年捐出几亿元，鼓励全社会配捐。结果每年都会有几千万人次的捐赠，促进了全社会参与慈善的热情。

再有是中国扶贫基金会（后更名为中国乡村发展基金会）投资的中和农信项目。他们学习孟加拉国尤努斯教授的经验，结合中国的实际，针对乡村贫困人口组织小额信贷，同样收到了良好的效果！尽管中和农信项目后来独立发展，但其积极的社会功能还是得到贫困人口的赞誉与国际社会的普遍认可。而中国扶贫基金会通过这一项目，也获得了较好的收益，从而为中国的扶贫事业作出了更大的贡献。

更多的社会企业和社会影响力投资在世界范围内的展开，也使得人们开始重新定义慈善事业。慈善也有了生产性的功能，能够促进就业、发展产业。慈善与经济发展的跨界联系，也是一种新的社会伦理，更是一种新的价值观，当然也是社会创新的生动体现。

当慈善与经济发展开始结合，而经济发展的社会伦理也在日益增强的时候，人们的经济行为、社会行为、政府的公共政策都在发生着根本性的变化。这个世界，的确与以前大不相同了！

慈善领域的社会变化，与传统的理念不可同日而语。人们确实需要重新定义经济、定义社会、定义慈善与社会价值，甚至也要定义政府的功能。人类社会确实正在大步进入一个崭新的时代！

非传统的外交与政治：社会政治的主题化

世界发展新格局的第八个特点是社会政治的国际主题化，非传统的外交与政治关系日益发达。

在相当长的历史时期中，战争与革命问题曾经是国际关系的基本议题。国家要独立，民族要解放，各国之间的利益矛盾，往往都是通过兵戎相见才能够解决。在这种形势下，国际社会的许多议题往往都是与战争和革命有关，最典型的就是 20 世纪上半叶，居然有两次世界大战发生。而到了 20 世纪后半叶，除了小范围的局部战争之外，国际社会基本进入和平与建设时期。于是，政治性的战争与革命议题全面减少，更多的议题则聚焦于社会，政治的内容开始了根本性变化。

联合国会议也把社会议题放在了核心的位置：

2000 年 9 月，在联合国千年首脑会议上，世界各国领导人就消灭极端贫穷和饥饿；普及小学教育；促进男女平等并赋予妇女权利；降低儿童死亡率；改善产妇保健；与艾滋病毒 / 艾滋病、疟疾和其他疾病作斗争；确保环境的可持续能力；全球合作促进发展等，开始设定一套有时限的目标和指标，并将其置于全球议程的核心。这个千年发展目标（MDGs）的明确进度为：从极端贫穷人口比例减半，遏止艾滋病毒 / 艾滋病的蔓延到普及小学教育，所有目标完成时间是 2015 年。

这以后，各国的政策开始进行系统的调整。

2015 年 9 月 25 日，联合国可持续发展峰会在纽约总部召开，联合国 193 个成员国在峰会上正式通过了 17 个可持续发展目标（SDGs）。这些目标，旨在从 2015 年到 2030 年间以综合方式彻底解决社会、经济和环境三个维度的发展问题，转向可持续发展道路。其中第一个重要目标就是在世界各地消除一切形式的贫困。

这是人类社会最具雄心、最有意义的建设目标！

这也标志着，世界各国的政治领袖已经明确地意识到，在人均 GDP 超 1 万美元的生产水平上，各个国家有条件实现 17 个可持续发展目标。

联合国议题从战争与对抗性政治的内容转移到和平与发展，是各国政治与经济发展趋势的一个写照。尽管世界上还存在着各类战争以及将战争作为产业的人群，但是，从总趋势看，国际政治中兵戎相见、爆发世界大战的情况开始得到一定程度的遏制，政治家把注意力的焦点位移到了民生事业！

于是，不仅仅是消除贫困、发展经济等，包括全球变暖、环境保护、海洋保护等更为社会性的议题也日益摆在了公共政策的突出位置。人们突然意识到，人类只有一个地球，确实存在着现实的人类命运共同体，人类需要共同行动保护并建设地球家园。

当全球人均 GDP 进入 1 万美元以后，中国更是相当理性地以国家之力调整发展战略，开展长江大保护、黄河大保护等重大行动。在政策层面上，大开发变成了大保护，绿水青山就是金山银山、人与自然的和谐，成为基本的社会共识和重要的政策。而这些政策的实施，还广泛地运用于行政杠杆包括建立专门机构聘用专职人员来支持和保护。

政策的变化甚至开始延伸到厕所革命、垃圾分类、光盘行动等。这些涉及居民生活习惯的行为，现在却成了中央政府的重要政策，这表明政策与政治的社会化程度日益加深！

在更大的范围上，类似环境保护和海洋保护之类的社会政策，过去通常只是社会组织的倡导。绿色和平组织在相当长的时期内主要角色是对政府的有关政策和企业的行为进行监督与批评。但是，到了新的发展阶段，政府已全面部署并落实这些社会行动。许多社会组织在欣喜之余甚至有点不适应：在这样的政策格局中，该如何与政府进行深度合作呢？

确实，公共政策的社会化，打破了政府与民间的界限，出现了政府与社会组织的融合。于是，在不少地方，政府开始采购社会组织的项目，鼓励社会组织帮助政府落实有关社会政策。

在新发展阶段，公共服务的内容、行为方式甚至性质均在发生根本的变化。公共管理的传统理念已经不适应现实的社会治理实践。

发达国家与发展中国家经济的新平衡 ①

世界发展新格局的第九个特点是，发达国家与发展中国家经济出现了新的平衡！发达国家与发展中国家在新的经济和社会发展水平上开始建立起新的经济关系格局。主要是其中的高收入国家与中等收入国家经济发展态势出现了变化与调整。

从国家的收入水平看，新的经济结构正在快速形成。据世界银行的统计，2000 年，全世界的国内生产总值为 336236 亿美元，其中，高收入国家达到276508 亿美元，占比为 82%；中等收入国家为 58322 亿美元，占比为 17%；低收入国家为 1341 亿美元，占比为 0.4%。而到了 2019 年，全世界的国内生产

---

① 本节有关数据来自国家统计局编：《中国统计摘要（2021）》，中国统计出版社 2021 年版。

总值达到 877346 亿美元，其中，高收入国家为 551406 亿美元，占比为 63%；中等收入国家为 320879 亿美元，占比为 36.6%；低收入国家为 5415 亿美元，占比为 0.6%。中等收入国家过去 20 年在世界中的占比增长了一倍以上。

这样的发展态势表明，以中国为代表的中等收入国家在 21 世纪之初的 20 年中确实得到了更快速的增长，从 2000 年到 2019 年，其增长的速度为 5.5 倍，相对而言，高收入国家的增长速度只是 2 倍。

如果进行更深入的分析，可以清晰地看到，世界经济格局的突变主要发生于 21 世纪之初的 10 年。人类社会发展出现了 2001 年到 2011 年最快的 10 年飞跃期。以下的数据可以更详细地呈现这 10 年的增长态势：

2001 年，全球 GDP 为 33 万亿美元，人均 GDP 为 5000 多美元；2003 年，全球 GDP 为 38 万亿美元，比 2001 年增长了 5 万亿美元，人均开始超过 6000 美元；2005 年，全球 GDP 为 47 万亿美元，比 2003 年增长了 9 万亿美元，人均开始超过 7000 美元；2007 年，全球 GDP 为 57 万亿美元，比 2005 年增长了 10 万亿美元，人均开始超过 8000 美元；2008 年，全球 GDP 为 63 万亿美元，比 2007 年增长近 6 万亿美元，人均开始超过 9000 美元；2011 年，全球 GDP 为 72.9 万亿美元，比 2008 年增长近 10 万亿美元，全球人均 GDP 终于超过 1 万美元！

21 世纪之初的 10 年，几乎是一年一个台阶，两年一个大台阶，生产力和财富量如同火山般地喷发出来。从发展的势头看，在这 10 年中，中等收入国家速度明显快于高收入国家。高收入国家 GDP 从 2000 年的 27.6 万亿美元增长到 2010 年的 45.5 万亿美元，增长了 17.9 万亿美元，绝对数量增长很大，但增长量并没有达到一倍。而中等收入国家的 GDP 则从 2000 年的 5.8 万亿美元增长到 2010 年的 20.1 万亿美元，增长了两倍以上，绝对数量也达到了 14.3 万亿美元。这的确是人类文明史上的一个巨大的历史性变化。

为什么是这 10 年？人们常说，中国的崛起是 21 世纪最大的事件。那么，中国是怎样崛起的呢？人们可以见仁见智，但是，一个举世皆知的事实是：中国 2001 年加入 WTO，释放出了巨大的经济活力！以汽车产量为例，2000 年，中国的汽车产量不足 200 万辆，在世界上排名第八；当时，排名第一的日本汽车产量接近 1200 万辆。而到了 2010 年，中国的汽车产量超过 1500 万辆，排名世界第一，日本则是不到 1000 万辆，排名第三。以 GDP 为例，2000 年，中国的 GDP 为 1.2 万亿美元，人均为 959 美元；而到了 2010 年，中国的 GDP 则达到了 6 万亿美元，人均为 4550 美元，整体增长了 5 倍。

当然，全球经济的发展，除了中国加入 WTO 这样一个重要因素之外，更有着和平与发展的大潮，还有全球一体化的发展与互联网的革命，使得人类的理念与行为特别是生产方式与生活方式发生了极大的变化。在和平的国际环境中，通过互联网，各国人民之间的联系包括商业与文化等，都可以超越国界，自由交往。这种联结所产生的一体化合力，是过去的时代所完全不可能想象的。众所周知，人们最早只能通过信件来保持与远方的联系，"家书抵万金"，是古代包括近代联系方式的生动写照，后来则是电话联系，但是，跨越国界电话的昂贵费用，使人们望而生畏。而互联网的发展，则使人们的交往成本减少到几乎可以忽略不计，商业文明随之迅猛发展。

2010 年以后的 10 年，世界的经济格局发生着更为深刻的变化。从绝对数量上看，2019 年世界 GDP 为 87.7 万亿美元，比 2010 年的 66.1 万亿美元多出 21.6 万亿美元，总量的增长低于 21 世纪的前 10 年。更有意思的是，高收入国家 2019 年的 GDP 为 55.1 万亿美元，比 2010 年的 45.5 万亿美元多出 9.5 万亿美元。与此同时，中等收入国家 2019 年的 GDP 达到 32 万亿美元，比 2010 年的 20.1 万亿美元多出 11.9 万亿美元。也就是说，中等收入国家的总量增长已经超过了高收入国家。

这样的发展态势，使得传统意义上的东西方经济关系发生了根本性的结构变化。

多元平等文化增长：共同价值与共生形态的应运而生

世界发展新格局的第十个特点是，多元共生文化的迅猛增长。世界在快速的经济发展进程中对于文化的认知开始脱离绝对与唯一性的价值为主，而转向具有多元平等的共同价值的和而不同共生形态，价值体系的结构发生了根本性的变化。

美国学者弗朗西斯·福山的《历史的终结及最后之人》一书开宗明义地提出，"自由民主也许是'人类意识形态演化的终点'和'人类政体的最后形式'，并因此构成'历史的终结'。也就是说，此前的政体形式因其严重缺陷和不合理最终会招致崩溃，与此相反，如我所表明的那样，自由民主则不存在这些基本的内在矛盾……自由民主的理想则已尽善尽美。"① 这本出版于 1992 年的著作自然是以 1991 年苏联的解体为基本背景，实际上是将西方式的开放市场与自由民主奉为"历史的终结处"。

与这一理念近似的表达即"普世价值"的概念。按照这一概念，某一地区的价值应该成为全人类共同遵守的普世价值，某些特定的制度尤其是极端个人主义、私有制才是所有国家和地区摆脱贫困落后、实现文明进步的唯一选择，最后当然会推导出历史终结于某一国家或地区某种理念或做法的狭隘结论。

经济与社会实践的发展往往能够检验理论的真伪并不断拓展新的视野。

多国验证苏联解体后风行一时的"休克疗法"的经历，特别是 21 世纪前 20 年经济与政治发展的历程表明，所谓的普世价值并不是万应灵丹，而多元平等、和而不同的共同价值理念应运而生。许多转型国家的长期停滞，包括发达国家在内发生的贫富两极分化与社会动荡，都在启示多个国家重新思考并探索依据本国实际而确立新的发展道路。

从社会伦理与政治伦理的结构看，要把"百善孝为先"的理念转化为脱离家庭与父辈的极端个人主义并不容易，而要将"天下为公"转化为"天下为私"的理念客观上也十分困难。这两种类型伦理的存在并不是谁一定要消灭谁、谁战胜谁的斗争，实际的过程则是需要共生共存、互相理解、互相尊重。因为这些伦理即价值观的产生有着相当不同的历史与文化背景。正如不能把不同肤色的人群化为一种肤色，不同信仰的宗教化为一种宗教，不同的语言化为一种语言一样，各个国家的发展也都有着自身的特性。

即使在发达国家之间，也存在着多方面的差异性。以政治制度为例，就

---

① ［美］弗朗西斯·福山：《历史的终结与最后的人》，陈高华译，孟凡礼校，广西师范大学出版社 2014 年版，第 9 页。

存在着议会制、总统制、半总统制以及君主立宪制度等。有的国家总统存在着任期的限制，有的国家总理可以长期执政。经济制度也是一样，同样是市场经济，完全可以有不同的管理方式，仅仅是税收制度就各有千秋。这怎么能使用一把尺子来量身定制呢？

在理论上，另一个美国学者亨廷顿在1968年就已出版的《变革社会中的政治秩序》一书的开头中就指出，政府的有效程度而非民主化的程度，才是各国之间最重要的政治差别，"各国之间最重要的政治差别，并不在于政府统治形式的不同，而在于政府统治程度的高低。有些国家的政治拥有一致性、一体性、合法性、组织性、高效和稳定的特点，而另一些国家的政治缺少这些特点。这两种政治之间的差异，要比民主制和独裁制之间的差异更为显著"。①这样的理念，在西方社会也同样有着广泛的影响力。

人类社会有没有共同价值？当然有！作为人类，有着相当多的共同需求，包括生活于同一个地球，都有着衣食住行的需要，都面临着生产、生活不断提升的要求，都要解决包括生老病死在内的各类社会矛盾等。如果更形象地举例说明，那就是，人类都需要天天吃饭，但不能要求只准吃一种饭，这里所需要的是，尊重各类饮食习惯，也可以在互相尊重的前提下实现一定程度上共享。人类大家庭在各个层面上确实唇齿相依，这就是人类命运共同体的理念！

共同价值的理念，在《联合国宪章》中已经表达得十分清晰。包括维护国际和平及安全；重申基本人权，人格尊严与价值，以及男女与大小各国平等权利之信念；促成大自由中之社会进步及较善之民生；力行容恕，彼此以善邻之道，和睦相处等。

共同价值更着重于相互尊重、和平共处等。这里所强调的是己所不欲、勿施于人的基本原则，是大家所共有的价值，而不是一家独大、唯我独尊的价值。这是立足于《联合国宪章》的人类基本价值。

人类社会的历史发展，的确进入到了一个百年未有之大变局！

---

① ［美］塞缪尔·亨廷顿：《变革社会中的政治秩序》，李盛平、杨玉生等译，华夏出版社1988年版，第1页。

善经济基本逻辑：
社会价值引领经济价值的趋势

经济发展水平达到人均 GDP 1 万美元时，标志着物质生产能力的极大提高。量的大幅度增加往往会产生质的变化，世界经济确实由于量的快速增长而迅速向善，也就是说，商业为了获利，必须向善！于是，商业的逻辑发生了根本变化：善经济应运而生！这是商业文明发展的一个大转折！

从多到好：商业目标的位移

商业发展的逻辑往往是追求更多，通过生产更多的产品来占领市场，而价格则会随着多与少进行波动。

经济学供求曲线波动的基本原理就是由多与少决定的。在需求既定的条件下，生产少了，价格就会上升，一旦生产多了，价格就会下降。而在需求曲线波动的条件下，生产也会产生相应的升降。

多与少，以及随之而来的价格波动，是经济学要讨论的基本理念和重要原理，也是工业革命几百年来商业要处理的核心问题之一。

以最少的投入争取最多的产出，减少成本、增加收入，是经济学特别是经营管理的基本课题。

多与少的矛盾怎么处理？过去的办法就是通过经济危机来消化。生产的太多，就会爆发经济的过剩危机，处理过剩问题就是要减少数量，而减少数量的一个较为普遍的办法就是把过剩的产品销毁，如过多的牛奶就要倒掉。这样就是要通过价格机制来保障产品数量的供需平衡，也就是说，让资本家有利可图。至于普通大众尤其是贫困人口的生活，则是作为市场失灵的情况通过公共福利制度的不断完善来解决。

在历史上，早在19世纪后半期，为了解决生产者即企业之间的多与少的矛盾以及社会分配之间多与少的矛盾，德国的首相俾斯麦建立起了社会保险制度，政府建立起保障社会大众基本生活的保险制度，企业放开竞争，以处理效率与公平问题。而在第一次世界大战期间，俄国"十月革命"爆发，随后他们建立起了计划经济制度，进行了极端的试验甚至一度废除了货币，其目的要从另一个角度来探索解决效率与公平问题。随后，为了应对1929年爆发的经济危机，美国开始制定社会保障法，同时兴建众多政府工程，加强公共福利制度。第二次世界大战以后，英国建立起号称"从摇篮到坟墓"全方位保障的福利国家制度，由此引领了欧美多个国家的社会福利制度建设。

在这个历史时期，全球的 GDP 总量都处于人均 1000 美元上下的水平，人类社会供给的总体短缺状况长期存在，绝大多数国家属于发展中国家，生产力水平低下。发达国家为数不多，仅仅是这些国家产生的多与少的矛盾显现得并不突出。世界呈现出总量短缺的状态。一个国家企业生产之多往往通过满足其他国家市场需要的手段来实现。极端的案例就是，一些废料性"洋垃圾"在发展中国家也会作为进口的物品。

2011 年是一个分界线，即全球人均 GDP 达到 1 万美元，总量过剩问题出现。就生产能力而言，无论是粮食还是住房与衣服等生活必需品，已经能够满足所有人的基本需要。以 2020 年为例，根据联合国与世界银行的有关数据，世界共有约 76 亿人口，世界总 GDP 为 84 万亿美元，人均 1 万美元，全球谷物产量为 27 亿吨，人均 355 公斤以上。可以说，保障人类的温饱，已经有了充分的物质基础，甚至有一定的过剩。在这样的条件下，经济发展的指标还是要追求更多吗？显然，要追求更多。但除了必要的储备之外，更多就意味着市场价格的回落，还意味着多种形式的浪费。

难道不能鼓励更多的消费吗？的确可以这样。但最常识性的道理就是：人们的基本消费能力有限。不仅仅是肚子有限，同时使用的物品也有限。人们常常说，睡觉只能用一张床，床也不能太大！人的生命也有限，现在还不能实现长生不老。消费有限，客观上是由需求边界来决定的。生理需求的边界，是最为基本的边界。这个边界，首先对数量需求进行了限定。由此自然对产业的发展进行了限定。

"多"，有边界，那么，生产商品的发展进程难道就可以停止了吗？不！当一个边界达到以后，另一个需求即新的边界自然产生。

新的需求，就是"好"！衣食住行、数量有边界，但是，"好"，则是无边无界！也就是说，好与多，不是一个范畴。一个是质，另一个是量。即使衣食住行要追求好，也是没有边界的。因为，"好"，存在着价值观问题，存在着各个人的不同感受问题。人们可以喜欢不同的品牌，当然也喜欢不同的口味。

好的标准，是多样性的，尤其在受到价值观的影响下。如佛陀贵为太子，物质享受几乎应有尽有，但他不认为那种生活方式好，于是就出家修行，吃饭则是要靠沿街乞讨，但他所创造的佛教理论，有着亿万信众并世代传承，成为人类文明的重要组成部分。当然，也有人追求极端的奢侈，并且认为醉生梦死、肆意消费才是最好的生活，这当然是不为健康的社会所提倡的。社会大众更多的则是讲究质量、耐用、创意等。

商业发展目标向好的转型，意味着商业发展逻辑和发展方向的转变。这是商业文明的根本性转型！

从好到善：经济价值与社会价值的位移

如果说，在人均 GDP 1 万美元以下的时候，由于短缺性需求的存在，商业向好还只是部分企业的追求，而整个商业，还是在拓展量的边界。那么，人均GDP 突破 1 万美元大关以后，绝大部分商业均以争好为本，个别企业追求的好转变成了绝大部分企业追求的好，于是一种普遍性的大好即社会之好开始逐步展现。社会之好，即大善！也就是说：商业的目标开始向善。

由此看来，在解决了有与没有的问题之后，同时也基本解决了在保证质量前提下的多和少之后，商业的目标开始转而向善！商业向善，将日益成为一种价值取向。

仔细分析起来，商业向善，主要植根于商业对好的追求。这种好最根本的，还是企业发展与社会提升的内在需求。

追求产品的质量之好，是企业发展之本。产品质量既要结实耐用，同时还要不断满足顾客的多重需求。如中国人爱喝开水，暖水瓶的使用相当广泛。传统的暖水瓶较大，也比较笨重，这种产品适用于供应一个大家庭的开水饮用。但是，到了现代社会，家庭人口减少，人们就喜欢用小而巧的暖水瓶，而在电器使用更为方便的条件下，人们直接使用即热式饮水机，甚至烧开水的电器也可以用来保温，杯子也可以用来保温。在这种条件下，人们对传统暖水瓶的需求就没有那么迫切了，因为已经有了多样化的更方便实用的替代品。

追求质量之好，已经从传统的满足基本需要，转化为不断开发人们更细腻、更方便、更美观使用的需求。在这里，可以看到，原来是顾客找商品，要满足基本的需要。现在则是商品找顾客，不断地发现顾客的潜在需要，深入地开发顾客的多方面需要。这种需要开始进一步包括精神需要、审美的需要、价值观的需要等。

在日常生活中，甚至会发生这样的现象，一个企业的老板仅仅是在非商业场所与人发生矛盾、出言不逊，就酿成公共事件，人们就不再光顾其经营的店所。在这个案例中，人们哪里是在消费产品？其实是在消费产品生产者、服务者的修养和价值观！关键在于人们可选择的太多，不是只此一家，别无分店，而是店面、商品琳琅满目，让人眼花缭乱，顾客以感受来决定消费。而感受更多地不是决定于胃，即决定于饥渴之需，而是决定于精神状态，决定于心与脑！

同样的顾客是上帝、以顾客为本的理念，在市场经济领域正在系统性地发生着位移。如果说，在生产水平较低的状态下，产品的质量更多的是满足顾客的生理需求，而现在则是在充分满足顾客生理需求的前提下更多地满足顾客的心理需求。而心理的需求与生理需求有着重要的区别。生理的需求相对稳定，心理的需求则是极易变动。生理与心理需求的结合，就会使顾客对商品与商品生产者提出了多重要求！

如果说，生理的需求是属于物质需求的话，那么，心理的需求，则更多地与社会价值相关。社会价值本身就是善的重要载体。也就是说，每种商品，开始有了日益增加的附加值，这个新的日益增加的附加值就是社会价值。

正是在这个交汇点上，自我价值与社会价值开始交接。也就是说，随着人们基本生活得到保障，人们的需求发生递进性的升级。正如马斯洛划分的人类需求五个等级即生理需求（食物和衣服）、安全需求（工作保障）、社交需要需求（友谊）、尊重需求和自我实现需求所阐述的那样，人类的需求是不断升级的。前四项需求被称作缺陷需求，其重点在于实现自我价值，而第五个需求则被称作增长需求。所谓自我实现的需求，就是自我价值被社会认可的需求。而自我价值被社会的认可，恰恰是一个社会化的过程。这种社会化的过程，即实现自我价值与社会价值的统一过程，是自我价值不断融入社会价值、不断创造社会价值的过程，也就是社会价值化的过程。

随着富裕程度的提升，人们的社会价值化需求也会相应增加。为什么呢？就是因为在满足了最基本需求以后，人们的需求自然就会不断升级，并且会最终升级到自我价值的实现！

这个社会价值化的过程，会创造市场需求吗？毫无疑问，当个别人富裕的时候，社会价值化的需求往往是少数精英的需求。而当人们的生活普遍富裕，生产力水平高度发达，人们的社会价值化需求就会形成规模，也必然创造出市场需求。

自我价值的实现，会创造什么样的市场需求呢？

首先，需要更为普遍的食品安全，这就要求公共管理与食品业的升级。于是，这一要求自然转化为全社会范围的公共价值提升。

同时，人们自然要求生活条件和生产条件的不断改善，包括房地产、金融业、教育与文化、养老与儿童和残疾人的服务需求，成为社会服务业不断提升的基本诱因。

还有，人们更要求空气质量的改善、环境保护等。这一要求进一步创造出多种类型的新产业，包括相应的装备与器械等。人们开始更关注气候变化，甚至形成全球性的共同价值观和共同行动。

条条大路通罗马。所有的社会要求，无不要求社会价值的全面提升。而社会价值，又称为公共价值，也就是大家通常所说的善，即社会之善、公共之善。

当整个社会的经济价值、自我价值与社会价值全面交汇，社会价值需求日益增长，市场的逻辑开始产生位移，向好终会转为向善。尤其是第三产业开始占据优势，市场的内在需求已经全面位移，商品的生产必须全面向善。

从商品质量之好的追求，渐渐地发生了质变，市场向善、商业向善、科技向善，从根本上要求企业家必须向善！

由此不难发现，是社会需求的变化导致了企业生产逻辑的变化。当人们更多地追求美好生活的时候，一个根本性的转变就开始了！

有人往往会发出这样的疑问：企业是在解决就业，这本身就是向善。这的确有一定的道理。从一定意义上可以说，不解决就业，大量人员失业，确实会造成重大社会问题。但是，当所有的企业都去解决就业，整个社会基本实现了较为充分的就业，那就要看哪个企业的就业条件更好！也就是说，解决就业只是企业最基本的功能之一，借用发展阶段的理论来说明，那是初级阶段的功能，而高级阶段的功能，则是相当不同，是对解决就业的方式与标准产生了新的要求。

这样，社会发展的逻辑演进之路就呈现得十分明显：从多向好，从小好到了大好，也就是大善。

而这样的大善，客观上就是公共之善，是经济之善、社会之善！

生活性社会服务业：社会价值的泛化

在社会服务业日趋主导经济与社会发展的态势下，社会价值更加日益泛化。这主要是因为社会服务行业的基本功能是社会服务，尤其是生活性服务业直接与人交往，所以与社会价值更为密切相关。从一定意义上说，正是由于社会服务业的广泛发展与不断升级，才使得社会价值泛化并成为市场经济的主导力量。

在生活性服务业领域，随着人们的消费向高品质和多样化升级，也就需要社会服务的产品不断地升级换代。从事生活性服务业的各类企业，所产出的仍然是商品，而作为商品，自然要为消费者或者公共机构所购买。生活性服务业的商品，包括休闲尤其是旅游、健康卫生、教育、体育、托育、物业、养老服务等。这些商品，尤其是休闲产业、大健康产业和教育与文化产业等，许多并不生产物资，而只是提供人对人的服务，更多的是满足精神和文化方面的需求，它们作为第三产业的重要组成部分，承载着将一、二产业转化为服务的枢纽性功能，往往直接决定着社会发展的质量。

旅游业很能体现生活性服务业的特性。这一产业，在 2020 年新冠肺炎疫情暴发之前，往往占据全球 GDP 和整个就业人员的 10% 左右，是世界的第一大产业。但是，旅游产业能够让旅游者购买什么呢？最有可能购买到的就是让人们有更好的感受，尤其是感受自然的美好、服务的美好等。而正是这种良好的感受，带动了住宿和餐饮业等。

当然，教育与文化产业也是类似的不生产物资的服务业。人们在这方面的消费，往往是不计成本，周期又长。以教育为例，许多家庭的积蓄主要就是用于投资子女的教育。而子女们接受教育后收获的是什么？从物资方面看，学校给予学生最有价值的有形体现，就是学生毕业时所颁发的不同文凭，其他则是各类教科书与讲义。有形体现、无形体现都是需要学生们通过几年甚至十几年的辛勤努力才能得到的，不可能通过一手交钱、一手交货的市场交易来实现。

养老服务业更是如此。老年人在养老机构所购买的，就是最为直接的养老护理服务。这种服务包括餐饮、如厕、洗浴、康复等，都是较长时间的直接的人对人的服务，都不可能通过一次性的购买来完成。

社会服务业的突出特征在于它有鲜明的公共性、广泛性。也就是说，它服务于所有社会成员的不时需求。以公共交通为例，它要服务的对象，自然是所有社会成员，任何人只要能够购买一定的票证，即可搭乘相应的交通工具。而旅游业、文化业、教育事业等都是一样，所有社会成员通过一定的程序都可以接受相应的服务。在这里接受服务，往往要受到·定的公共管理的标准的约束，甚至其中有相关部门的强制参与。比如，不少国家都规定公共场所不能抽烟，上大学需要通过入学考试，上小学也有一定的年龄标准等。而随着公共管理规范的日益扩张，社会价值开始在一定程度上约束个人的自由。仍以抽烟为例，现在一个抽烟的人在许多场合都能感受到不自在，而在更早的年代，特别是著名的丘吉尔首相抽雪茄的照片，还会被人们看作有风度的特写！公共行为也在不断发生变化，以戴口罩为例，在新冠肺炎疫情肆虐的时期，许多国家就做出了每个人在公共场所都要戴口罩的强制性规定。

社会服务业还具有过程性，它不是简单的一次性交易，而是一个长短不等的服务过程。即使搭乘公共汽车，乘坐一站，也要有一个过程，也要与司机与乘务人员互动。而教育则是更为漫长，尽管不同的国家有不同的学制，但小学一般都要有五—六年的学制，初中与高中总共的学制也有六年之多，大学本科的学制则通常为四年。这样的过程性管理与服务，无论是对于教师还是学校管理者甚至国家教育行政部门，都提出了相当高的要求！

社会服务业更具有个体的感受性，即要照顾到个人的一些特殊要求。尽管社会服务面向大众，但具体落实到的则是个体。在这里，既要服务于大众的共同需求，也要考虑到个体的特殊需求。比如列车上的餐饮服务，有的人吃肉，有的人吃素，这就要求有不同的供应。另外，服务于大众，也不是按照比例来确定。一项服务，不能说满意度达到 90% 就可以了。在特别的情形下，一个顾客的不满意，往往会影响整体服务的形象。这种公共性与个体性的密切结合，是生活性服务业相当重要的特征。

服务业具有一定的民族性。因为每个民族都有不同的服务标准，包括语言、风俗、饮食、礼仪等方面。在这些方面，没有一定的高低之分。比如，一个国家究竟使用何种语言，主要是由该国的历史和文化传统决定的。而饮食方面的差异，更是由一个国家的地理与文化等多方面的社会与自然条件决定的。在不同的国度开展社会服务，就需要符合该国的服务传统与服务标准。这些都不是完全由金钱决定的，都有很强的社会性。

总体上，生活性服务业的内在属性就是必须以人为本，它的社会价值属性极高。并且，随着社会的进步和科学技术的发展，服务业还要不断转型升级，创造新的社会价值。

生活性服务业的重要性是毋庸置疑的，它既是产业也是生活的组成部分。同样，生产性服务业也是决定生产力水平的关键，它要为第一产业和第二产业提供重要的依托和支撑。如科学技术的水平往往决定着农业与工业的发展水平。制造业的高质量发展，特别需要以生产性服务业向专业化和价值链高端的延伸为依托。在一定意义上可以说，第三产业对于第二产业有着决定性的作用。

在经济发展的进程中，现代化的进展往往以第三产业的全面崛起为基本标志，这一产业在发达国家往往占到 GDP 的 70% 左右。中国的第三产业从 2015 年开始也超过了第一产业和第二产业之和。可以说，随着经济的日益发达，第三产业必然不断发达。

很有意义的是，随着社会服务业在整个国民经济结构占比的不断提升，尤其是基础设施和生活性服务业的日益发展，一个必然的结果就是社会价值日益广泛化。旅游业、交通运输业、卫生与大健康、教育与文化等，无不需要较强的社会价值。随着人们的公共活动的增长，特别是国际交往的日益频繁和人类命运共同体的发展，公共之善将会日益扩张。这里主要是由第三产业的公共特性决定的。

社会价值引领地位的确立：超越经济价值的功能

当社会价值开始全面影响经济发展的时候，人们就会发现，在经济发展较低水平的阶段所遵循的规则已经很不适用了。

在人们的温饱问题还没有得到解决的时候，人们所遵循的规则往往是：效率优先，兼顾公平。也就是说，效率高于公平，经济价值决定社会价值。短缺经济时代物资匮乏，因此，将经济发展的效率置于较高的地位有一定道理。

但是，一旦生产能力达到全新水平，物资极大丰富，处理事务的逻辑自然发生转换。正是在这个阶段，人们才开始普遍认识到绿水青山就是金山银山的意义。于是，人们对江河湖泊和空气的污染终于到了零容忍的地步。整个社会对于生产手段与生活条件开始建立起较高的标准。

受这一发展水平的影响，人们开始关停并转移许多污染型的企业。尽管这些企业最初的投资达几百万、几千万甚至上亿元，但人们还是要将其完全关闭。这个时候，整个社会所考虑的并不是经济价值。大家更为关注的是社会价值，是为子孙留下净土与蓝天！

也许有人会问，难道留下大量的金钱不是更好吗？但是，人类的理性告诉社会，面对金钱与绿水青山，绿水青山当然是第一位。在这个前提下，可以找到不造成污染的企业来发展，保护绿水青山本身就可以成为新的产业。这正是新的发展观的内在力量。当然，这也是因为有了不造成污染的企业可以作为替代。同时，从国家的宏观结构上看，不造成污染的企业可以补偿污染型企业的收益，甚至能够取得更好更大的收益。

不仅如此，国家还对在名山大川风景区开发的别墅区项目重新进行审查，并且毫不留情地将违规建筑予以拆除。在这里，社会的视角已经不仅是反对污染，而且是要对河流山川予以全面保护。在中国，更是发起了长江大保护、黄河大保护、自然保护区等多项社会行动。

在国际社会，联合国确立了 17 项可持续发展目标。2015 年 9 月 25 日，联合国可持续发展峰会在纽约总部召开，193 个成员国在峰会上正式通过了具有里程碑意义的 17 个可持续发展目标（SDGs）。可持续发展目标旨在从 2015 年到 2030 年间以综合方式彻底解决社会、经济和环境三个维度的发展问题，转向可持续发展道路。这些目标包括：

一、在世界各地消除一切形式的贫困（No Poverty）。

二、消除饥饿，实现粮食安全、改善营养和促进可持续农业（Zero Hunger）。

三、确保健康的生活方式，促进各年龄段人群的福祉（Good Health and Well-Being）。

四、确保包容、公平的优质教育，促进全民享有终身学习机会（Quality Education）。

五、实现性别平等，为所有妇女、女童赋权（Gender Equality）。

六、人人享有清洁饮水及用水是我们所希望生活的世界的一个重要组成部分（Clean Water and Sanitation）。

七、确保人人获得可负担、可靠和可持续的现代能源（Affordable and Clean Energy）。

八、促进持久、包容、可持续的经济增长，实现充分和生产性就业，确保人人有体面工作（Decent Work and Economic Growth）。

九、建设有风险抵御能力的基础设施、促进包容的可持续工业，并推动创新（Industry, Innovation and Infrastructure）。

十、减少国家内部和国家之间的不平等（Reduced Inequalities）。

十一、建设包容、安全、有风险抵御能力和可持续的城市及人类住区（Sustainable cities and communities）。

十二、确保可持续消费和生产模式（Responsible Consumption and Production）。

十三、采取紧急行动应对气候变化及其影响（Climate Action）。

十四、保护和可持续利用海洋及海洋资源以促进可持续发展（Life Below Water）。

十五、保护、恢复和促进可持续利用陆地生态系统、可持续森林管理、防治荒漠化、制止和扭转土地退化现象、遏制生物多样性的丧失（Life on Land）。

十六、促进有利于可持续发展的和平和包容社会、为所有人提供诉诸司法的机会，在各层级建立有效、负责和包容的机构（Peacs，Justice and Strong Institutions）。

十七、加强执行手段、重振可持续发展全球伙伴关系（Partnerships for The Goals）。

这17项目标，是社会价值对于社会、经济与环境发展目标的具体化，是经济发展与社会发展和环境保护深入地融合为整体性的发展总目标。

伴随着可持续发展行动的深入，在全球范围内，人们转向了对工业革命尤其是煤炭和石油这些化石能源的审视。于是，又一场革命迅速到来 ——能源革命！光伏能源成为重要的替代能源。所谓光伏能源，就是以光伏效应为原理将太阳辐射能转换为电能。光伏能源系统通常包括太阳能电池或组件、充放电控制系统（或包括逆变器）和负载控制几个部分。太阳能电池是以光伏效应为原理，将太阳辐射能转换为电能的器件，它具有无污染、无噪声、维护成本低、使用寿命长等优点。作为化石能源的替代，光伏能源近年来得到了飞速发展。

与太阳能开发的同时，风能、核能、水电的开发也在全面发展。能源革命开始全面提上人类的议事日程。于是，碳中和、碳达峰成了新的全球性共识，人们将低碳经济作为发展的基本目标。

为什么将目标集中于碳？因为"碳"的概念就是石油、煤炭、木材等由碳元素构成的自然资源。工业革命就是主要依赖这些资源特别是石油与煤炭的开发建立起新的能源体系，从而促成蒸汽机、飞机等机械的发明。碳排放与经济发展密切相关，经济发展需要消耗能源，因而碳排放更多。而"碳"耗用得多，导致地球变暖的元凶"二氧化碳"也制造得多。随着全球变暖的发展，北冰洋、南极冰原、雪山和冰川会加速融化，海平面会升高，极端气候就会频繁发生，气候开始改变人们的生活方式，带来越来越多的问题。

怎么应对人类的这一挑战？根本的措施就是节能减排。而碳达峰、碳中和就是具体的行动目标。所谓碳达峰（peak carbon dioxide emissions），就是指在某一个时点，二氧化碳的排放量达到历史最高值，不再增长，然后经历平台期进入持续下降的过程。碳达峰是二氧化碳排放量由增转降的历史拐点，标志着碳排放与经济发展实现脱钩，达峰目标包括达峰年份和峰值。

所谓碳中和（carbon neutrality），是指企业、团体或个人测算在一定时间内，直接或间接产生的温室气体排放总量，通过植树造林、节能减排等形式，抵消自身产生的二氧化碳排放，实现二氧化碳的"零排放"。"碳"即二氧化碳，"中和"即正负相抵。通俗地说，就是让二氧化碳排放量"收支相抵"。碳达峰与碳中和一起，简称"双碳"。

减少二氧化碳排放量的手段，一是碳封存，主要由土壤、森林和海洋等天然碳汇吸收储存空气中的二氧化碳，人类所能做的是植树造林；二是碳抵消，通过投资开发可再生能源和低碳清洁技术，减少一个行业的二氧化碳排放量来抵消另一个行业的排放量，抵消量的计算单位是二氧化碳当量吨数。一旦彻底消除二氧化碳排放，人类就能进入净零碳社会。

这样的目标，无疑是超越工业革命的一场巨大的经济与社会革命！经济与社会各个领域的发展均要受到这一目标的全面洗礼！

在这里，社会价值既引领经济价值的导向，更是直接作用于经济价值，为经济的发展规划方向。

在一定意义上可以说，2015年联合国确定17项可持续发展目标及以后采取的多项行动，标志着人类社会发展方向的重大转折。以此为重要开端，社会价值开始超越了经济价值并且日益引领着经济发展的方向。

社会价值引领经济价值的秘密：真善美的升华

为什么社会价值能够引领经济价值？这是一个很值得探讨的问题。

从根本上说，的确是经济发展到一定阶段，才产生了日益强烈的社会价值需求，使得自我价值日益迫切地需要转化为社会价值，社会价值的生产与消费体系日益发达。

而从社会价值的角度来分析，它有着其自身的独特品格，具有相当强大的内在力量从而能够引领经济价值。这种力量最重要的，就是有着引领人类社会不断升华的发展趋向，特别是对于真善美的不断追求，是人类之所以成为人类的重要基因。

从根本上说，人类面临着多重挑战，个体是无法解决的，因此才组成社会，解决大家的诸多公共需求。提高生产力水平以解决饥饿问题当然是最基本的问题，为使这一问题能够得到基本解决，就有了生产与交换的需要。同时，面对频繁且重大的自然灾害，一家一户更没有力量来应对，这就有了联合起来进行共同行动的需要。而人类延续自身的需要，更不可能在较小范围的群体中完成，扩大的群体则有了公共伦理和礼仪的需要。随着公共福利的增加，需要更多的公共设施和社会福利。

所谓社会价值，主要是指社会的整体认知标准，是指导公共行为的理念系统，是人们判断是非的基本参照，是人们对于自身社会功能与使命的定位依据等。社会价值有很强的伦理性，随着社会的日益进步，人们的社会价值也在不断升华。

在人类社会中，存在着多方面共同的社会价值，也存在着相当多不同的社会价值。比如，计算时间的尺度，各民族都采用了基本相同的年、月、日标准，一般都要使用文字来记事，都要结成不同的公共群体统称为部落或国家，都要收取税收以维持公共治理体系的运转等。但是，一旦进入信仰、伦理、思维方式、生活习惯、文化与艺术等多个方面，各个国家与民族之间就存在着千差万别。

社会价值起源于人们的生活方式与生产方式、政治与文化形态等多方面的因素，千百年社会大众日常生活经验的积累与许多杰出人物的升华，塑造了万紫千红的社会价值形态。社会价值的共同性与差异性，恰恰形成了人类社会和而不同的生态共同体。

社会价值与经济价值不同，它往往是无形的，很难用货币来衡量。因为社会价值主要体现的是理念，尤其是人们对于自然的认识方式、对于人与人关系的认识方式、对于人自身的认识方式等。这些认识，往往体现为社会公共行为，尤其是要影响到人们的生活方式、生产方式和经济与政治行为等。

社会价值既有一定的稳定性，也会随着社会的发展而不断变化。

在经济发展水平处于短缺状态的时候，人们的社会价值主要受到经济价值的左右，也就是说，人们首先需要解决衣食住行问题。当然，无论生产水平高低，社会价值具有相当强的独立性，它往往首先体现为一个个体、一个家庭、一个社区甚至一个国家特有的价值观。而在生产力高度发达的条件下，社会价值就会日益具有独立性，并且开始逐步左右经济价值的发展。

社会价值影响经济价值的方式，在不同的民族和不同的时期有不同的方式，也会有不同的功效。但其中最为关键的，最为普遍的，就是人们对于真善美的认知方式与追求。也可以说，这是社会价值引领经济价值的秘密所在。

人们日常生活中对于真善美的认知方式与追求，既是社会价值的重要体现，也是社会价值体系中最为活跃的根本所在。人类对于真善美的认知与追求永远不会停留在同一个水平，社会价值的提升自然也会不断地发展。尤其是当全球的人均 GDP 达到 1 万美元即生产力高度发达以后，人类开始拥有大量的闲暇时间学习、探索并提升对于真善美的认知，这使得社会价值异乎寻常地重要起来。

与以往不同的是，在新的发展阶段，社会价值对于真善美的认知与追求，不仅仅日益强烈地作用于经济价值，而且其自身也开始具有经济价值，这是相当独特的社会现象。

求真：社会价值边界的拓展

真，就是真理，是人们对于事物的认知方法和知识体系。求真，就是对于知识体系的不断拓展，实际上就是人们对于社会价值边界的不断拓展。

中国古人"观象授时"，并确立了天干地支及阴阳五行、太极八卦原理。这种早在远古就已有的时空、阴阳观念，逐渐发展成为一个系统的世界观，用阴阳、乾坤、刚柔的对立统一来解释宇宙万物和人类社会的一切变化，认为天地万物都处在永不停息的发展之中，天地运行，四季轮换，寒暑交替，冬寒夏热，月盈则亏，日午则偏，物极必反，就是"自然而然"的规律。

以《易经》为代表的知识体系，强调的是天道、地道、人道三才的互动；要求观乎天文以察时变，观乎人文以化成天下。在这个体系中，并没有为神留下空间。其创造的天人合一理念，强调的是"天行健，君子以自强不息""地势坤，君子以厚德载物"，这就构建了一个相当独特的天人互动的认知模型。天人合一的基本要求就是，"与天地合其德，与日月合其明，与四时合其序，与鬼神合其吉凶。先天下而天弗违，后天而奉天时"。

在天人合一的理念中，荀子的《天论篇》更是突出强调天人之分，认为"天行有常，不为尧存，不为桀亡。应之以治则吉，应之以乱则凶""天有其时，地有其财，人有其治""强本而节用，则天不能贫。养备而动时，则天不能病。修道而不贰，则天不能祸"。这样一种自强不息的精神，确实有其相当独特的认知自然的视角。

古希腊对于人类知识的基本想象以柏拉图的洞穴理论最为典型。洞穴理论的主要内容是：设想在一个地穴中有一批囚徒，他们生来即待在那里，被锁链束缚，不能转头，只能看面前洞壁上的影子，在他们后上方有一堆火，有一条横贯洞穴的小道，沿小道筑有一堵矮墙，如同木偶戏的屏风。有一些特定的人，扛着各种器具走过墙后的小道，而火光则将器具投影到囚徒面前的洞壁上，这些器具就是根据现实中的实物所做的模型。囚徒自然地认为影子是唯一真实的事物。洞穴之中的世界相应于可感世界，而洞穴外面的世界则比作理智世界。柏拉图明确声称囚徒与我们相像，即他们代表人类的状态，而囚徒被拉出洞穴的过程则类似于通过教育而获得启蒙即求真的过程。

在古印度，"梵"的原意是魔咒曼荼罗、祭祀仪式和唱诗僧侣，引申为自祭祀仪式所得的魔力，人如作出供奉，端正歌曲，就有"梵生"；再引申为宇宙的精力，天地运行和人类生命，都有赖于梵。梵与"我"或"彼一"，都是古印度所指的终极实在，是超越和不可规范的唯一实在。这种终极观是实体性的，存在于思想的最高位置。"梵"是"非概念"的，超越一切名相概念和判断推理，不能靠思辨体验，只能通过瑜伽直接体验。梵我无处不在，现世只是"终极实在"一种扭曲、不充分的表现，追求梵我时必须舍弃与现世的根本联系。

在这种理念的影响下，释迦牟尼创立佛教体系，悟道一切众生皆有佛性，皆可成佛，建立苦谛、集谛、灭谛、道谛四圣谛的基本教义，并要求实践正见、正思维、正语、正业、正命、正精进、正念、正定即八正道。在著名的《心经》中，更是特别说明构成宇宙万物的五种因素即色、受、想、行、识五蕴皆空，"度一切苦厄""色不异空，空不异色，色即是空，空即是色，受想行识，亦复如是"，缘起性空、真空妙有的道理。浩瀚的佛教经典更是确立起了庞大的知识系统。

这些产生于两千多年以前的知识体系的基本逻辑，至今仍然深刻地影响着世界上大多数人的思维方式，更左右着人们处理经济与社会、政治事务的方式。在这个领域，完全依赖金钱是很难改变的。倒是这些不同的思维方式，决定着人们对于科学探索和文化知识乃至于对于财富的态度。

更有意思的是，各类知识体系在以后的岁月里呈现出多样性的发展趋势。中国的知识体系后来形成儒释道并列的局面并逐渐完成了融合。在宋明理学的后期，明代的王阳明构建了心学，他通过"心即理""知行合一""致良知"等核心概念实现了理论与实践的统一、主体与客体的统一和内圣与外王的统一。而在古希腊知识体系的影响下，产生了基督教并逐渐成为罗马帝国的信仰。到了欧洲的启蒙年代，康德提出了"人为自然立法"的命题。以欧洲为主导的自然科学领域的革命促成了工业革命的产生。科学与技术的深度结合，使得世界的知识体系产生了爆炸性的发展。

随着经济的日益发达，知识经济应运而生，知识开始主导经济的发展。而到了信息技术革命时代，科学技术更是成为第一生产力，许多发明创造都是随着科学技术的进步而全面展开。

可以说，求真的进步，使得人们不断地拓展对于自然的认知水平并努力将科学技术与各类商品的生产结合起来，使得社会价值的重要体现即知识的价值、科学技术的价值居于引领经济与社会发展的地位。而知识生产方式的良善与否，知识成果对于经济与社会生活的影响程度，往往会决定一个国家和社会的发达程度。

向善：社会价值的实践

善的价值，在另一个层面更为直接地引领经济尤其是社会的发展。这就是在公共伦理领域，人们把生命的价值普遍定位于向善。

最为突出的是，各大文明体都把至善作为最高的伦理目标。中国的《大学》开篇即讲"大学之道，在明明德，在亲民，在止于至善"。明确把至善作为人生的最高目标。柏拉图则认为，"善"的理念是最高的理念，它构成了各种理念由以派生的终极根据，同时也是所有理念及作为各种理念的"摹本"的感性事物共同追求的最高目标。

对于至善的追求，有理想的人可以献出生命，甘愿杀身成仁。这样一种追求，并不以经济价值为依归。许多革命者，往往为理想而献出生命。而仁人志士的理想所导致的社会改良，往往会规划经济的发展方向！

向着至善的步骤，《大学》一书进行了特别明确的规范，这就是通常称为的"八条目"：格物、致知、诚意、正心、修身、齐家、治国、平天下，即八个阶段，一步一个台阶，从格物一直到平天下。显然，中国之善，强调的是从格物致知开始，到修身齐家然后进一步到治国平天下。这里有很强的公共性即公共之善，突出的是家国情怀精神。

而西方之善，并不与国家治理相关，更多地突出理念，强调个人的意志与自由。如康德就认为自由、意志与道德律是一致的，有理性的人不受外力影响按照自己的意志办事，就必然是遵守道德律的；一个有理性的人的道德行为必须是自律的而不是他律的，必须是从义务出发，有善良动机；道德上的善就其对象而言是某种超感觉的东西；德性和幸福共同构成了一个人对至善的拥有，德性始终是无上的善，与德性精确匹配的幸福构成了一个可能世界的至善。也就是说，西方文化并不认为政府是必要的善，更不可能将善与治国平天下结合起来。

东西方之善的不同标准，反映了文化与传统的差异。当然，两者之间还是存在相当多的共同之处，比如，对于德性的突出，就是人类至善理念的交汇之处。这样的至善观，无疑是社会价值的最高体现。

在实践中，善的内容，当然包括公益慈善。政府与社会合力促成的慈善事业，往往会在解决各类社会问题过程中发挥出巨大的功能。从世界多个国家尤其是欧洲的经验看，慈善组织一半左右的收入来自政府，而一小半的收入则来自服务社会的收益，真正的捐赠款项只占 10% 左右。这主要是因为慈善事业成为了以生活性服务业为主的重要产业。

慈善组织怎么会有大量的经费来自政府的支持与自身运营的收入呢？其实，长期以来，人们对慈善有一种误解，总认为慈善就是捐款。从根本上说，慈善更多的是社会服务，是受社会价值即奉献社会理念的指导下所开展的服务活动。捐款是一种高尚的行为，志愿服务也是高尚的行为，捐赠物资同样是高尚的行为。而服务于老年人、儿童和残疾人，防止贫困、灾难救援和减轻犯罪，举办公益事业，发展各类教育、文化与体育事业，保护环境等则是奉献社会的目的。况且，各类慈善事业，最终都要落实为社会服务，而社会服务的各项内容恰恰都需要社会价值的指导。仅仅以养老服务为例，如果缺乏奉献精神，缺乏人文关怀，那是不可能产生良好效果的。既然要社会服务，就必然与承担社会服务的主体机构即政府建立起密切的联系。在这样的社会结构中，慈善机构承担起政府的任务并且获得一定的财政支持有什么奇怪的呢？

社会向善，最根本的是要提升公共伦理水平，解决各类社会问题，建设幸福美好的社会。在经济发展到较高水平的时候，提升经济的重要推动力，其实是社会向善的力量。只有社会价值成为主导经济发展的动力，才能够避免贫富差距加大与社会矛盾激化，使财富转化为共享模式以及多种形式的社会福利，推动各类公共项目的建设不断扩大，从而促成经济的可持续发展。反之，一旦贫富差距过大，社会矛盾激化，则社会结构失衡，经济就不可能健康发展。

爱美：社会价值的升华

美的价值，绝不仅仅是著名的艺术作品在市场上展示的高昂价格，这种价格只是社会对于美的一种而不是唯一的评价标准。从更为广泛的意义上说，爱美之心，人皆有之。一方面，艺术品确实是美的重要体现，美的欣赏水平，往往决定着产品的质量。

在美学意义上，审美活动就是感性活动，是人的一种以意象世界为对象的人生体验活动，它是人类非常典型的一种社会精神文化活动。这种活动的质量不可能决定于财力的大小，而是决定于理念，即审美的判断力甚至对于崇高的认识，美其实就是理念的感性显现。在现实生活中，可以看到，有不少建筑物，尽管造价高昂，但由于缺乏美感，在极端的条件卜，所产生的效果甚至是丑陋的。而在个别富有的个体中，有的人披金戴银，珠光宝气，但却被人评价为俗气而不是美。

正是由于美的重要性，才产生出多种类型的美学并将其运用到规划、建筑、旅游、产品设计与开发等多个领域。美好生活的建设，更多地需要美学的普及，需要艺术与生活的结合。例如，大地艺术，即将艺术作品直接在大地上进行创造以供更多民众欣赏的活动，尤其是以大地艺术为主题举办艺术节，已经成为国际社会的一种潮流，同时也会产生出巨大的经济与社会效益。

美的特殊功能，使得美感经验、审美对象、审美境界成为风景景观、环境景观和乡村振兴、城市规划、经济与社会领域的重要工具。

美的社会价值何在？中国古代已经将艺术诸如音乐、舞蹈、绘画、雕刻等与文化、经济和政治活动紧密地融合了起来，尤其是瓷器、茶叶、丝绸等的发明，使得生活与艺术浑然一体，曾经在世界上长期居于领先地位。而都江堰、灵渠、杭州苏堤等水利工程的修建，将自然山川之美与生活生产之用创造性地结合，凸显了中华文明特有的美学品格，美的社会价值几乎无处不在。在中国，即便日常的饭菜，对于色、香、味、形都十分讲究。

在西方的理念中，尤其是在康德的名著《判断力批判》中，专门把判断力视为把握美的关键，并把判断力作为人类知性与理性之间的一个中介环节来探索；认为美的理念既要具备审美的基本理念，同时还要具备理性的理念，强调了人对于美的评判尺度，从而提出对美的判断能力过渡到对崇高的评判能力的命题。

美的艺术需要的是想象力，包括知性、神魂和鉴赏力等。对于美的追求，实际上是升华社会价值的重要途径。美的东西往往与善紧密结合。发展美的鉴赏力，本身就需要提高艺术修养、文化修养等，而这些修养，又往往与道德理念的提升和道义情感的培养密切相关。高质量的社会发展，科学与技术的提升，特别需要全社会鉴赏力的不断发展。社会创新力所需要的想象力，与社会鉴赏力有着内在的密切联系。

美所包含的社会价值，以及由美的追求所提升的鉴赏水平和促成的想象力与创新力，是美好生活发展的重要动力。社会价值对于经济价值的引领，在美的领域，表现得更为明显与直接。

当然，对于真善美的标准，各个国家和民族存在着一定的差异，有的方面甚至截然对立，但在更多的领域，还是存在着共同的价值观和标准。而且这些标准实实在在地决定着经济的发展方向。社会价值的力量，正是真善美的价值所在。

无公益，不商业：经济的全面向善

当社会价值开始引领经济价值的时代到来的时候，一个全社会普遍向善的时代已经更为迅猛地开启。科技向善、金融向善、商业向善，日益成为企业与社会的共识。

在商业全面向善的进程中，已经逐步形成新的发展格局：无公益，不商业。

在世界范围内，企业承担社会责任日益成为惯例，许多行业巨头都纷纷倡导新的行为规范，社会责任的承担逐渐成为国际标准，包括善待员工、保护环境等，正在成为企业新的规范。而慈善项目，也逐渐纳入多个企业的发展规划之中。

商业向善，导致带有社会价值的商品更受市场的欢迎。比如，在中国脱贫攻坚的进程中，人们更愿意购买贫困地区的农产品。另外，人们在新的历史条件下又一次开始对垄断限制，这是从更高的层面来促成市场的活力的保持。

科技向善，促成人们把科学与技术转向服务于社会大众，包括解决日常生活中各类实际的问题。大数据的发展，人工智能技术的进步，都在为大规模解决社会问题提供多样性的手段，甚至科技的伦理如信息的保密与隐私保护，也都得到进一步的加强。

金融向善，使得普惠金融、绿色金融成为金融机构的重要标准。在一些国家，甚至兴起了社会价值投资的潮流。

教育也开始倡导进一步向善，人们开始向过度的作业负担发起了抵制，因为这不利于学生的健康成长，反之，劳动课程则逐步成为必修课！

整个商业界，正在运用公益的视角来审查所有的经营活动。如果商业对社会价值有一定的背离，人们就会运用多种手段对其进行程度不同的限制。善，正在对经济进行着全面而深刻的洗礼，世界经济正在进入善经济的发展阶段。

当然，世界的发展并不平衡。它特别表现在两个方面：

一方面，在私人企业占据优势的地方，出现了贫富差距过大的现象，整个经济发展呈现巨大的不均衡态势。在这些地方，尽管个体的捐赠行为占有一定的优势，但公共之善的推进还是有一定难度。

另一方面，在各个地区与国家之间，还存在着经济发展水平的不平衡，一些地方还处于人均 GDP 1 万美元之下，有的地方人均 GDP 只有 1000 美元左右，他们还需要解决整体性的温饱问题。特别是在一些地方还存在着战争，出现了较多的难民。

　　不过，就全球而言，由于商业向善已经成为宏大的世界潮流，一些地方出现了不平衡，只要不发生特别重大的灾难，这些不平衡在发展进程中不断地得到解决是完全有可能的。

第三章

善与经济

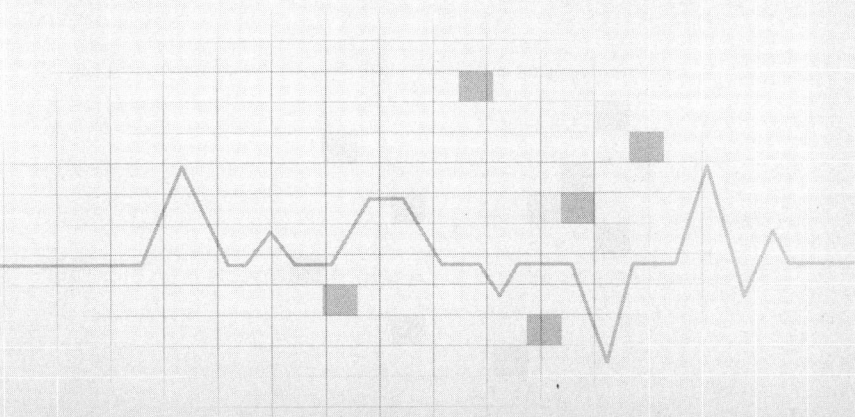

善与经济不是井水不犯河水吗？况且，经济作为人欲的范畴，而善尤其是至善作为天理的范畴，不是被古训认为势不两立吗？怎么可能将善与经济结合起来呢？

善，作为公共伦理如何影响经济发展？这个问题，在人类生产力进入高质量发展阶段的时候，特别需要进行新的探索和说明。

以财发身的财富观

善与经济的关系，就是善与财富的关系。人类处理财富的方式多种多样，而财富观是人类处置财富的依据。不同的财富观，会有不同的财富处理办法。

特别典型的，是财富的代际传承模式。

最为流行的代际传承模式是，上一代人将家庭的财产传承给子女的时候，会在子女们之间进行较为平均的分配。在古代，更多的是在儿子之间进行分配。因为人们认为，女儿已经嫁给另一个家族，不再拥有被分配家产的权力。在这样的财产传承模式中，对于人伦关系的界定是相当重要的。人们继承财富的办法的核心是以人伦关系为依据。在中国，这一继承关系相当典型。家庭财产的分割，往往是由家族长辈在其中扮演重要的角色而不是通过公共权力的介入。

同时，也有另外的财富继承办法，那就是长子继承制。在这种制度下，财富在代际之间的继承主要是长子才拥有继承权，其他的兄弟姐妹都不能继承。这一制度以英国最为典型。英国的财产继承制，特别强调长子的绝对继承权，亦长子享有唯一的继承权，幼子及女儿没有财产的继承权，他们只能选择其他谋生手段。这里强调的中心点是财富的不可分割性，也就是说，要以财富为中心。在这一财富传承格局中，就需要法律关系的特别保护。

在中国文化经典之一的《大学》中，以这样的视角来看待身与财的关系："仁者以财发身，不仁者以身发财。"也就是说，有仁德的人是运用财富来提高自身的品行与修养，而缺乏仁德的人则是不择手段地用生命去积聚财富。

对于财富与仁德的关系，孔子进行了更为具体的阐述："富与贵，是人之所欲也；不以其道得之，不处也。贫与贱，是人之所恶也；不以其道得之，不去也。"（《论语·里仁》）也就是说，金钱与权势，是人人都想要得到的，但是不以正当的途径得到它们，就是不应该接受的；而贫穷和下贱是人人都厌恶的，如果要用不正当的手段摆脱它们，也是不应该的。在这里，孔子把手段的正义放到了重要的位置。

以财发身，仁德十分重要，但仁德与高质量的生活品位并不矛盾。孔子对于生活的态度尤其是进食方面进行了相当生动的描述："食不厌精，脍不厌细。食饐而餲，鱼馁而肉败，不食；色恶，不食；臭恶，不食；失饪，不食；不时，不食；割不正，不食；不得其酱，不食。肉虽多，不使胜食气。唯酒无量，不及乱。"（《论语·乡党》）这里说的是，粮食不嫌舂得精，鱼、肉不嫌切得细。食物过久腐臭变质，鱼和肉腐烂，都不吃；食物颜色变难看，不吃；食物的气味变得难闻，不吃；烹调不好，不吃；不到吃饭时间，不吃；不按一定方法宰割的肉，不吃；没有一定酱醋调味的，不吃；吃饭的时候，肉即使很多，也不吃得超过饭量；只有饮酒不限量，但不要喝醉！

可以说，如何过一种有质量的生活，孔子给了我们十分具体的标准。这些标准，即使到了现代，仍然有着现实意义。这也是对于限制美味即人欲观念的否定。

以财发身，自然需要澄清天理与人欲的关系。中国宋代有过对天理与人欲关系的广泛讨论并提出了"存天理，灭人欲"的理念，认为天理与人欲之间存在着尖锐的对立，因而应该用天理来灭除人欲。但在整个中国的文化长河中，人们对于天理与人欲的关系还是持相对平和的态度。儒家经典《论语》作了很好的阐述，其他经典也有直接的探索。

关于人欲与天理关系的讨论，在《礼记·乐记》中是这样论述的："人生而静，天之性也；感于物而动，性之欲也。物至知知，然后好恶形焉。好恶无节于内，知诱于外，不能反躬，天理灭矣。夫物之感人无穷，而人之好恶无节，则是物至而人化物也。人化物也者，灭天理而穷人欲者也。""礼节民心，乐和民声，政以行之，刑以防之，礼乐刑政，四达而不悖，则王道备矣。乐者为同，礼者为异。同则相亲，异则相敬，乐胜则流，礼胜则离。合情饰貌者礼乐之事也。"也就是说，中国传统文化对于音乐的立论是对于人性的认识，人的天性是喜欢静，但与物交互起来就会动，并且物与人的交互而动是无穷无尽的，人化物就会灭天理而张扬人欲，这就需要建立礼乐体系以调节人的行为。

在宏观层面特别是治国理念上，春秋战国时期成书的《管子》，就倡导善与经济的结合。该书结合管仲成就霸业的治国实践，既提出以法治国的方案，又重视道德教育的作用；既强调以人为本，又鼓励农工商业的均衡发展；既有霸道之策，又坚持王道理想。而管仲，正是孔子所推崇的理想典范之一。

到了近代，谭嗣同在《仁学》一书中明确写道："天理，善也；人欲，亦善也。王船山有言曰：'天理即在人欲之中；无人欲，则天理亦无从发见。'适合乎佛说'佛即众生，无明即真如'矣。"这样的理念，是对于身与财关系即天理与人欲关系深度融合的最经典的阐发。

人心向善

人心向善，是一个很值得探索的问题。如果说，随着财富量的增长尤其是生产能力的大幅度提升，量开始转化为质。那么，从人的本性而言，人性本身就是善源，商业作为人们实践活动最为生动的体现，也是必然要向善！

从根本上说，人是社会人还是经济人、自然人？不同的认知会有不同的答案。有一种理念认为，最初的人生于自然状态之中，人人生而平等，为了生存，才订立契约，结为社会，因而更多地强调个人的自主性之善。而另一种理念则认为，人生而有欲，欲则有求，求则有争，于是就要制定礼义来规范，因而更多地强调公共之善。

对于人性与善的认知，东西方哲人往往是从人心的认知开始的。他们关于人心的一些著名理论，代表着人类对于人性认识的最高层面，启迪着人们对于自身活动的认知。

对于人心及其社会功能的研究，在中国古代就已经放在相当重要的位置了。《尚书·虞书·大禹谟》中，就有著名的"人心惟危，道心惟微，惟精惟一，允执厥中"的论述，被中国思想界称为"16 字心传"。据传，这 16 个字源于尧舜禹禅让的故事，是尧把帝位传给舜时以及舜把帝位传给禹时的特别嘱托，强调人心是危险难安的，道心却微妙难明；唯有精心体察，专心守住，才能秉行中正之道。也就是说，在中华文明的早期，就已经提出了人心与道心的概念，强调以道心来养人心，积德行善，精心修养以守道心。在同一篇中还有大禹"德惟善政，政在养民"的告示，强调了政府行善政的责任。心与善的联系，在这里阐述得相当明白。

最为世人所知的，是释迦牟尼佛苦修六年，于菩提树下悟道后说的第一句话："奇哉，奇哉，大地众生，皆有如来智慧德相，只因妄想执着，不能证得。若离妄想，则无师智、自然智，一切显现。"这就是说，所有人都有如来智慧德相，人人都有善根，只不过是因妄想执着，就不能显现出来。佛教所强调的修行，就是要把人的如来智慧德相显现出来。而佛教最为基本的前提，就是众生都有善心，在善面前，人人平等。因而在善的修行过程中，不分贵贱，人人皆可成佛。

在佛教经典《华严经》中，认为亲近善知识即可生出 10 种心：同己心、清净自业果心、庄严菩萨行心、成就一切佛法心、能生心、出离心、具一切福智海心、增长心、具一切善根心、能成办大利益心。这也是强调人们应当修身养性，亲近真正的善知识。

孟子对人性进行了相当全面的阐述，他系统地建立了性善论。他认为，"恻隐之心，人皆有之；羞恶之心，人皆有之；恭敬之心，人皆有之；是非之心，人皆有之。恻隐之心，仁也；羞恶之心，义也；恭敬之心，礼也；是非之心，智也。仁义礼智，非由外铄我也，我固有之也，弗思耳矣。"（《孟子·告子》）也就是说，仁，源于恻隐之心；义，源于羞恶之心；礼，源于恭敬之心；智，源于是非之心。四个类型的心，不分贫富，人人皆有。按照这一理论，仁义礼智这些重要的伦理，都是基于最基本的人性，都是人性所固有的。这就把人类之善普遍化了。人类行善最根本的，就是在心的内在本源方面，存在着固有的善。

在中国，明代王阳明的贵州龙场悟道，对心的作用又一次进行了升华。在贵州龙场驿这一既安静又困难的环境里，王阳明结合多年来的各种困境与遭遇，日夜反省，在一天半夜里顿悟，认为心是感应万事万物的根本，由此提出"心即理"的命题。这一命题的核心为"圣人之道，吾性自足，向之求理于事物者误也"。这就是著名的"龙场悟道"。这一悟道，将心与道的作用进行了重新定位，并由此发明了心学理论。在王阳明看来，圣人之道就是良知，而良知人人都有；判断事情对错是非，标准就是良知，而不是外在的事物。由此，他得出了"心外无理，心外无物"的结论。当人们向他请教说：南山里的花树自开自落，与我心有何关系？他的回答则是："你未看此花时，此花与汝心同归于寂。你来看此花时，则此花颜色一时明白起来。便知此花不在你的心外。"如此强调心的作用，在思想史上是立足于性善论而对认识论的重要发展，具有里程碑的意义。

在欧洲历史上，康德关于"人为自然立法"的论断，被人们认为如同哥白尼发现是地球围绕太阳转而不是太阳围绕地球转那样具有革命性的突破，在认识论的历史上具有划时代的意义。康德的论断，准确地说是"人的理性为自然界立法"。他把认识划分为三个阶段，即感性、知性、理性。人们通过感官运用感性感知世界现象，而人的知性则通过概念把各类现象联结起来并使之归结到经验性的规律之下，人的理性则使知性的一切可能的经验性行动成为统一性的系统；"人类的一切知识都是从直观开始，从那里进到概念，而以理念结束。"① 康德对于人的主观能动性的研究与肯定，开辟了西方哲学史的一个时代。

在肯定理性作用的同时，康德特别研究了实践理性，他认为人的内心有两种能力即认识能力和欲求能力，欲求能力又分为低级欲求能力与高级欲求能力。纯粹理性就自身而言是实践的，它要规范德性法则。由此康德充分揭示了道德律的巨大社会作用。康德与之相关的非常著名的论述就是："有两样东西，人们越是经常持久地对之凝神思索，它们就越是使内心充满常新而日增的惊奇和敬畏：我头上的星空和我心中的道德律。""道德律向我展示了一种不依赖于动物性、甚至不依赖于整个感性世界的生活。"② 从道德律的角度对于善与至善的肯定，使得康德对于人的理性的研究升华到了道德哲学。

人类社会为什么会产生人文价值？人类为什么需要人文精神？从根本上说，就是由人自身的本性所决定的。人类的向善，归根结底，是由人性决定的。这种向善的本性，超越种族与民族，形成了人之为人的最基本的活动准则。

---

① ［德］康德：《康德三大批判合集》上卷，邓晓芒译，杨祖陶校，人民出版社 2009 年版，第 475 页。
② 同上书，下卷，第 172 页。

如果人们不去向善，则会生出各种不同的报应，甚至会受到有关法律的制裁。

正是人心的向善，从根本上决定了商业向善的基因。

善与经济的统一

在历史上，对于善与经济统一这一命题，人类的智慧同样给以不断深入的探索，并得出了不少推动经济与社会齐头并进发展的结论。

在中国的南宋时期，伴随着经济的繁荣，社会理念也发生了较大变化。当时的哲学家陈亮就认为，"道"离不开具体事物，而常行于事物之间；人与道不可分离，天、地、人三者构成宇宙统一体，人不立则天地无以独运，道也就不存在；"道"在天地间，如赫日当空，处处光明，闭眼之人，开眼即是，人人可以体察；他特别主张"义利双行，王霸并用"，认为霸道本于王道，王道又需要以霸道来体现，故王霸并用，倡导王道与霸道的统一，义与利的并行。

南宋时期的另一个哲学家叶适更是明确倡导"功利之学"，认为"既无功利，则道义者乃无用之虚语"；因而主张"通商惠工，以国家之力扶持商贾，流通货币"（《学习记言》），反对传统的只重视农业而轻视工商业的政策。

在南宋时期，永嘉学派还明确提出"事功"思想，倡导"经世致用，义利并举"，主张通商惠工、减轻捐税、探求振兴国家的途径。明清之际著名学者黄宗羲认为，"永嘉之学，教人就事上理会，步步着实，言之必使可行。足以开物成务，盖亦鉴一种闭眉合目朦胧精神自附道学者，于古今事物之变，不知以为何等也"（《宋元学案》51卷《水心学案》）。应该说，南宋时期这些思想的提出，标志着中国经济与社会的发展已经达到了融合汇集的阶段。客观上，那个时期的中国，经济发展确实处于世界领先的水平。

在近代历史上，对善与经济关系有着极为生动的阐述，其中的开先河者就是英国的亚当·斯密。他首先撰写《道德情操论》，继而完成《国富论》，善与经济，在他一个人的理念中就达到了高度完美的统一。

《道德情操论》开篇的立论就是关于同情的新学说，由此建立起了一个以

"同情"为基础的伦理学体系。他认为，同情是人类最原始的一种情感，而且每一个人都具备，无论是高洁的圣人或是无耻的顽徒，都会具有基本的同情感。"人，不管被认为是多么自私，在他人性中显然还有一些原理，促使他关心别人的命运，使他人的幸福成为他的幸福必备的条件，尽管除了看到他人幸福他自己也觉得快乐之外，他从他人的幸福中得不到任何其他好处。属于这一类的原理，是怜悯或同情，是当我们看到他人的不幸，或当我们深刻怀想他人的不幸时，我们所感觉到的那种情绪。"① 这种同情感，不仅是人与人之间建立联系的纽带，同时也制约着人们对个人财富和名声的过度追求。这种同情心，与孟子的恻隐之心基本上是相同的。

亚当·斯密理论的基点就是：尽管每个人都是存有私心的，对自己的爱护必定会多过他人，但人们一般都不会将自私的态度表露出来，也不会公开以自私的态度行事。因为人生存在社会的大环境之下，必须依赖于他人的支持才能生存和发展，一旦失去他人的支持，必然无法生存下去，而为了获得他人的支持，人们必然会压抑自己的私心，使其下降到他人能够接受的程度。这一行为，在本质上讲，就是为了获得他人的同情。所以，同情具有目的性，它旨在让双方获得情感上的满足，并在此基础上，提高人与人之间对彼此的好感，从而引导和促进人与人之间的交流。正是以"同情"为基础原理，亚当·斯密还对正义、仁慈、良心等伦理范畴提出了自己的看法，从而全面构架了十分独特的伦理体系。

正是在完成构建伦理体系的社会工程之后，亚当·斯密着手构建经济理论体系的巨著《国富论》，其全称为《国民财富的性质和原因的研究》，他是近代史上将伦理体系与国民财富的系统研究紧密地结合起来进行深入探讨的第一人。就财富而言，正如其著作的题目所标识的，他集中探讨的问题就是：什么是国民财富以及如何才能增加国民财富。前者所涉及的是国民财富的性质问题，后者涉及的是国民财富增进的途径。也就是说，他所讨论的财富，不是个人意义上的财富，而是包括个人财富在内的公共财富，是大家共享的财富。他

---

① ［英］亚当·斯密：《道德情操论》，谢宗林译，中央编译出版社 2015 年版，第 2 页。

的定义为,所谓国民财富,就是指供给国民每年消费的一切生活必需品和便利品。"一国国民每年的劳动,本来就是供给他们每年消费的一切生活必需品和便利品的源泉。"① 这就把财富之善的问题提升成为经济学的基本议题。既然是国民财富的大道,就不同于个人挣钱的小道,于是就有多方面的经济学原理需要阐发。

《国富论》第一篇的标题即"论劳动生产力增进的原因并论劳动生产物自然而然地分配给各阶级人民的顺序",他认为增加财富的具体途径主要有两条:一是加强劳动分工以提高劳动生产率;二是增加资本积累,从而增加从事生产的劳动者人数。出现分工就需要交换,交换就需要货币,于是引起了价格和价值的问题,而工资、利润、地租是价格的三个组成部分。第二篇的标题是"论资财的性质及其储蓄和用途",主要研究资本的性质、构成、积累和用途。第三篇为"论不同国家中财富的不同发展",从经济史的角度,对促进或阻碍国民财富发展的原因进行分析,研究国家的经济政策对财富生产发展的作用。第四篇为"论政治经济学体系"是从经济思想史的角度出发,对阻碍国民财富增长的重商主义和重农主义的理论和政策进行了分析与比较。第五篇则是"论君主或国家的收入",直接研究国家财政收支对国民财富发展的影响,最后还讨论了"公债"问题。

从《国富论》的标题和内容中可以看出,亚当·斯密的整个体系是讨论的国民财富的内在结构与良性运行问题,所追求的目标是经济的快速增长和民众的普遍富裕,绝不只是简单地关注市场这只"看不见的手"的作用而倡导不择手段的"狼性文化"。他特别认为,适度提高工资水平利大于弊。劳动工资的提供是源于对劳动需求的增加,而对劳动需求的增加又源于一国国民财富的增进和资本的增进,因此,工资水平与国民财富的发展水平具有内在的一致性。也就是说,美德与经济发展的融合,国民财富增长与国家财政收入和劳动者工资的增长,在亚当·斯密那里得到了有机的统一。

---

① [英]亚当·斯密:《国民财富的性质和原因的研究》上卷,郭大力、王亚南译,商务印书馆 1974 年版,第 1 页。

《国富论》特别重视国家功能的发挥，包括道德建设。在这一著作中，亚当·斯密也没有忘记对道德体系的论述，他写道："在各文明社会，即在阶级已完全确立了的社会，往往有两种不同的道德主义或道德体系同时并行着。其一称为严肃的或刻苦的体系，又其一称为自由的或者不妨说放荡的体系。前者一般为普通人民所赞赏和尊敬；后者则一般为所谓时下名流所尊重和采用。"① 这样的论述，表明了作者在探索国民财富过程中对幸福与至善的深度思考。

把伦理与经济融合起来，最为典型的论证是德国著名社会学家马克斯·韦伯的《新教伦理与资本主义精神》一书。在该书中，韦伯正式提出了"资本主义精神"的概念，将其定义为：个人把努力增加自己的资本并以此为目的的活动视为一种尽责尽职的有使命的行动，把赚钱本身当作一种目的和使命、一种职业责任、一种美德和能力的表现。他认为，发生在西欧的新教改革最初是出自宗教动机，但新教伦理所表现出的现世禁欲精神和合理安排的伦理生活却无意中促进了经济活动的开展，新教伦理赋予了经商逐利行为以合理的道德目的。也可以说，韦伯在理论上把新教伦理的善与赚钱行为结合了起来，将赚钱作为一种使命，一种大善，他特别认为这种资本主义精神才是欧洲能够发展出现代资本主义的根本原因。"强调固定职业的禁欲意义为近代的专业化劳动分工提供了道德依据；同样，以神意来解释追逐利润也为实业家们的行为提供了正当的理由。"② 他的这一理论发现和深度系统阐述，也打通了学术、宗教与经济的联系，从而使资本主义有了"精神"，也为自由主义注入了新的活力，并且力图缓和马克思《资本论》所分析的资本罪恶的认知。

善与经济的统一，客观上是人类对于经济活动的基本认知。如果发展经济仅仅是为了多吃多喝，那就不可能有发明与创造，更不可能会有创新。经济之中含有至善，而至善的基本体现是社会大众过上较为富裕的生活。在中国

---

① ［英］亚当·斯密：《国民财富的性质和原因的研究》下卷，郭大力、王亚南译，商务印书馆1997年版，第351页。

② ［德］马克斯·韦伯：《新教伦理与资本主义精神》，于晓、陈维纲等译，生活·读书·新知三联书店1987年版，第128页。

古代，人们所追求的理想是"大同"社会。而在欧洲，人们更多的向往是建立"理想国"。

幸福观与美好生活

人类创造财富的过程就是改善生活以追求美好生活而达到幸福的过程。善与经济结合的过程，也是实现美好生活的过程。使至善与幸福美好的生活融合起来，是人类追求的一个重要目标。

什么是美好生活？是不是拥有巨额财富而纵欲、挥霍与享乐？其实，就个体而言，主要决定于其对幸福的认知，决定于幸福观，也决定于至善观，这是人类判断力水准的重要体现。进入善经济时代，人们日益普遍地发现，身体的消费能力有限，穷奢极欲有害健康，有节制的生活才会有益于自身与家庭。

在历史上，人们确实对幸福与美好生活进行过相当系统的思考。

在中国文化中，把对幸福的追求与善密切结合起来，最为经典的自我良善成长实践活动即传承了几千年的修齐治平公式，这一公式将人类生存的目标定位于至善，而将达到至善之路就是家国情怀与家国一体的修养途径：

大学之道，在明明德，在亲民，在止于至善。

古之欲明明德于天下者，先治其国；欲治其国者，先齐其家；欲齐其家者，先修其身；欲修其身者，先正其心；欲正其心者，先诚其意；欲诚其意者，先致其知；致知在格物。(《大学》)

在这里，至善成为一种循序渐进的实践，而格物致知则为其始。也就是说，获得知识为善之发端。

在古希腊，曾经有两派对至善给予了不同的定义：

一派为斯多亚派，认为德行就是整个至善，而幸福不过是对拥有德行的意识，属于主观状态。在后来的历史上，这一派的成员中有一个特别有名的古罗马皇帝，名字叫奥勒留，他写下了著名的《沉思录》以阐述斯多亚学派的理念，将智慧、公道、勇敢与节制作为美德的重要内容，因而被称为哲学家皇帝。在实践中，这位皇帝宽宏大量，善待臣民与对手，成为实践德行的榜样。

另一派是伊壁鸠鲁派，认为幸福就是整个至善，把幸福等同为快乐，而德行只不过是谋求幸福的形式，强调合理地运用手段去得到幸福。伊壁鸠鲁有一句名言：胃的快乐是一切善的起始和根源，智慧和文雅也与之相关。当然，他也特别强调，友谊比食物更重要，应当注意的是与谁吃喝，而不是吃喝什么，因为没有朋友相伴的进食是狮子和狼一般的生活。同时，他又把快乐划分为静态快乐和动态快乐，友谊的可贵之处在于体现了二者的统一。动态快乐是指欲望的要求和满足，如娱乐和高兴；静态快乐是指痛苦的消除，如无饥无渴、无欲无求的轻松状态。伊壁鸠鲁坚持后者高于前者，因为最高的幸福是不可增减的，只有在静态快乐中才能处于平稳不变的幸福状态。

伊壁鸠鲁认为，正义是一种社会德性，正义的用处在于摆脱伤害和恐惧，生活在社会中的人只有依靠正义才能达到完全的快乐。他还认为，精神快乐大于肉体快乐，精神痛苦比肉体痛苦更坏；选择明智生活的快乐，是聪明智慧的职责；而研究哲学，了解自然是人们获取选择相关知识的途径。在这里，明智与德性实现了有机的融合。

美好生活的标准，确实由于人们不同的幸福观而给予了不同的定义。而对于美好的定义，也是在持续不断地演变，最终发展出了较为发达的美学知识体系。在中国，对于美的欣赏产生了历代优美的诗篇，从《诗经》、汉乐府到唐诗、宋词、元曲、明清小说等，灿烂的中华文明中的先贤们对于山河与自然之美的欣赏和家国情怀的抒发，铸就了特有的中国美学观，进而产生出绚丽多彩的美好生活方式。

而在近代欧洲，德国哲学家黑格尔的《美学》，对于美就是理念的感性显现的著名定义，对于艺术美、自然美与象征型艺术、古典型艺术、浪漫型艺术的分类，对于建筑、雕刻、绘画、音乐和诗的体系性分析，形成了庞大的美学知识体系，使得真善美更为实在地融为人类生产与生活的重要审美规范。文艺复兴运动，则肇始于艺术与古典文化的复兴，最终导致了工业革命的产生。

在公共伦理中将善与经济结合以促成幸福甚至上升到了立法的层面。18世纪英国著名法理学家边沁在《道德与立法原理引论》一书中提出了功利主义的概念。他认为，"善"就是最大地增加了幸福的总量，"恶"则反之；自然客观上将人置于乐和苦两大主宰之下，由此决定人们应当做什么，将会做什么；这种情况带来的影响一方面体现为是非准则，另一方面则体现为人行为的因果关系链。"功利原理是指这样的原理：它按照看来势必增大或减小利益有关者之幸福的倾向，亦即促进或妨碍此种幸福的倾向，来赞成或非难任何一种行动。我说的是无论什么行动，因而不仅是私人的每项行动，而且是政府的每项措施。"① 边沁既把功利原理作为政治制度的检验标准和新制度的规范，还把该原理作为立法的指导原则。他认为，任何法律的功利，都应由其促进相关者的愉快、善与幸福的程度来衡量。

幸福与美好生活，都与善有着密不可分的联系，也是经济发展的重要组成部分。正是在不断追求美好生活的过程中，人们将美与经济发展紧密地联系了起来。

善与经济结合的枢纽：公共性

在善与经济结合的过程中，有一个特定的要素是显而易见的，这就是善经济的公共特性，这一特性是善与经济结合的枢纽。

作为人，本质上必然向善，不仅仅是因为性善论的学说，还是由人的社会性即人的公共性所决定的。人类之所以成为人类，最重要的原因之一就是人类是群体动物，人类能够生存下来并且不断进化恰恰就是因为其必然结群。这个群，还必然是一个大群，即部落、各类群体，再到国家。仅仅是因为人类的身体进化的需求是不能近亲结婚，因而一定要与家庭以外的成员确定联姻关系，这样才能保证后代能够健康成长。

人类既要联姻，就自然衍生出非一家之私的社会关系、家庭关系、亲戚关系、部落关系等。而公共安全的需要则趋向于产生出更大的公共关系。比如，有一种看法认为，是治水的需要产生了国家。在中国，大禹治水与夏朝起源的史实表明古代中国洪涝灾害的严重性。与《圣经》中以建造诺亚方舟来应

① ［英］边沁：《道德与立法原理导论》，时殷弘译，商务印书馆 2000 年版，第 59 页。

对大洪水的办法不同，中国则是产生了大禹率领民众治水"三过家门而不入"的公共精神，最终大禹与民众通过疏导洪水的方式，成功治理了黄河。当然，以保障公共安全为本的国家往往会对国家性质和结构乃至所有官员的行为提出特别的要求，中国古老的遗训为："民惟邦本，本固邦宁"，治理国家的官员要以身作则。也就是说，人类的基因中，无论个体还是群体，都存在着公共需求，这是人类与其他动物的根本区别之一。

至于人的本性，历史上著名的思想家都认为其是一个不断升级的过程。中国古代的管仲认为人类是"仓廪实而知礼节，衣食足而知荣辱"。认为人类的第一需要是仓廪衣食，然后才是礼节荣辱。

美国心理学家马斯洛的"人类动机理论"认为，人类需求有五个层级，一般被描绘成金字塔内的不同等级，从层次结构的底部向上，各类需求分别为：

第一级是生理需要，"一个同时缺乏食物、安全、爱和尊重的人，对于食物的渴望可能最为强烈"。[1]

第二级是安全的需要，"如果生理需要相对充分地得到了满足，接着就会出现一整套新的需要，我们可以把它们大致归纳为安全类型的需要（安全、稳定、依赖、保护、免受恐吓、焦躁和混乱的折磨、对体制的需要、对秩序的需要、对法律的需要、对界限的需要，以及对保护者实力的要求等）"。[2]

第三级是归属和爱的需要，"如果生理需要和安全需要都很好地得到了满足，爱、感情和归属的需要就会产生，并且以此为中心，重复着已描述过的整个环节。对爱的需要包括感情的付出和接受。如果这不能得到满足，个人会空前强烈地感到缺乏朋友、心爱的人、配偶或孩子"。[3]

第四级是自尊需要，"除了少数病态的人之外，社会上所有的人都有一种获得对自己的稳定的、牢固不变的、通常较高的评价的需要或欲望，即一种对于自尊、自重和来自他人的尊重的需要或欲望"。[4]

① ［美］亚伯拉罕·马斯洛：《动机与人格》，许金声等译，中国人民大学出版社 2007 年版，第 19 页。
② 同上书，第 21 页。
③ 同上书，第 26 页。
④ 同上书，第 28 页。

第五级是自我实现的需要，"它指的是人对于自我发挥和自我完成（self-fulfillment）的欲望，也就是一种使人的潜力得以实现的倾向。这种倾向可以说成是一个人越来越成为独特的那个人，成为他所能够成为的一切。"①

马斯洛认为，"高级需要的追求与满足具有有益于公众和社会的效果。在一定程度上，需要越高级，就越少自私。饥饿是以我为中心的，它唯一的满足方式就是让自己得到满足，但是，对爱以及尊重的追求却必然涉及他人，而且涉及他人的满足。……高级需要的追求与满足导致更伟大、更坚强以及更真实的个性"。② 这种分析，更多地展示了人们追求高级需要的必然性。

马斯洛的理论在世界上的广泛影响，这也许反映了社会对其理论的普遍认同。在人类的发展链条中，确实会有追求社会价值的需求，参与实现这些需求的过程并表现杰出的人们，会被人称赞是高尚的，并且这种人会受到人们的崇敬甚至世代流传。

人的本性向善，经济的本性是不是也要向善呢？回答是肯定的。从一般意义上说，市场经济本身就内在地具有公共性，而公共性就必然要追求公共之善。

从根本上说，经济本身就是生产、交换、分配、消费的过程，无论物质类还是文化类的产品，都要通过经济活动本身来创造价值，通过交换与分配以供社会大众来消费。所以，经济本身就是一种公共活动。在农业文明、海洋文明及游牧文明的结构中，经济活动呈现出很不相同的方式。农业文明最典型的代表中国，很早就发展出士、农、工、商各类职业人群，整个国家以农立国，同时也有较为发达的手工业与商业活动，各个行业遵守共同的伦理规范，各项交易活动均不能欺诈、巧取豪夺。而在海洋文明中，更多地以商立国，进行着发达的商业贸易活动，尽管存在着广泛的殖民活动和侵略战争，但就主体而言，在这里主要通行的是契约精神，参与商业交往的活动各方也是要求遵守协议与规范，当然，这些协议与规范往往建立在实力的基础之上。游牧民族的经

---

① ［美］亚伯拉罕·马斯洛：《动机与人格》，许金声等译，中国人民大学出版社 2007 年版，第 29 页。
② 同上书，第 74 页。

济活动也是要通过与其他民族的互市即交易来完成。经济活动的公共性，自然需要建立起公共性的规范。

在经济活动中，为什么大家认可的基本逻辑是财富越大，责任越大？对此，许多慈善人士往往看得更为明白一些。他们认为，能够挣钱的关键是有和平的环境，不然，怎么可能发展经济？另外，发展规模较大的商业与经济体往往要依赖现代的金融体系和法律制度等，包括良好的交通与能源基础设施，当然还要依赖教育制度、社会保障制度以及国家的开放程度等。中国的企业家往往会感谢改革开放的政策，实际上表达的就是权力与财富公共性的理念。当现代的财富规模巨大的时候，运用的贷款和人工，都是社会资源，怎么可能不具有公共性呢？财富的这种公共性，决定了财富拥有者一定要主动承担起更大的社会责任，既回报社会，同时也是为了自己能够更好地发展。如果拥有财富的人群缺乏社会责任，轻则害己害家，重则影响社会风气，使社会陷入恶性循环之中。

是不是经济发达一定会向善？这是不一定的。从国家的角度谈，关键看财富用来做什么？也就是说，需要看一个国家的公共伦理，尤其是关于善的理念。从宏观上看，如果经济的主体结构是军事工业，作为一个国家，几乎年年参与对外战争，军费开支过大，这其实是一种畸形的发达，是不善的公共行为。再加上国家内部贫富差距过大，只有少数人拥有绝对数量的财富，这其实是一种不善的体制。所以，与人为善还是与人为恶，是决定其经济是善还是不善的重要标准，对内对外都是一样，既要看效果，也要看活动的性质。善与经济的结合，还取决于公共伦理。

在经济结构中，如果垄断与暴富过于严重，造成了不平等的竞争格局，就会使社会的道德伦理产生严重的腐化。也许人们会产生疑问，国家不是也有很多企业吗？这不也是垄断吗？其实，国家的性质是公，其他企业的性质为私。国有企业往往通过政府机关委派管理者来实施管理，通常会有较为规范的管理体制，更多地注重国计民生，当然效率要低一些，而私营企业往往由家族或者家庭来管理，一般由所有者个人或家庭说了算，随意性较大，但效率较高。国有企业通过垄断所得的利润是不能归经营者个人所有的，因为国有企业实行的是工资制，利润归政府，公司的董事长与总经理及高管严格意义上说都是政府的雇员。而私营的垄断利润则主要归经营者个人，他们拥有着充分的所有权。一旦私营垄断程度过于发达，其仍然奉行的"狼性文化"就会伤害其他同行，造成不平等的竞争并破坏各类健康的商业规范。这样的经济结构也是不太善的。

善与经济结合的枢纽，看来确实是公共性而非个体性。这就是说，资本需要被管理而不是由资本来决定一切，这是一个重大的社会伦理。钱能否决定一切？决定的对象是否包括国家政治与经济文化？是不是什么事情都是谁有钱谁说了算？看来这并不是一个简单的是非答案。在生意场中，通行的原则可以是"平权平钱"，也就是说，有多少钱就有多少权。但在政治与社会中，在人世间，如果照此办理，由钱的多少来决定政治和社会事务，那就一定是不善的体制。世界伦理史之所以东西方有别，归根结底，是人们对善的理解有不同的分类与视角。

如果从更为抽象的视角来看，当前世界上存在着三类善与经济的结合平台：

第一类是民本主义文化影响下的政治、经济与文化紧密结合型的社会枢纽，集中体现为家国情怀，通行的是"天下为公"，这在东亚国家表现得相当典型。从这个角度看，中国领导人能够提出"人类命运共同体"的理念也就相当自然了。

第二类是以西欧多个国家为代表的民主社会主义的福利制度。这一制度强调国家的福利责任，追求从摇篮到坟墓的全面福利保障，由此形成福利国家制度，彻底地改造了传统国家的功能并形成了新的政治经济融合机制。

第三类是以北美等地为代表的更多地依托个人主义而弘扬慈善精神的社会机制，在这种机制中，往往倡导拼命竞争，有钱之后再参与慈善事业的理念，在这类体制中公私分明，私权至上，其崇尚的理念以"Private"即以私为本。

总体上，不同经济形态有着不同的经济伦理观，在善与经济结合的过程中，自然有着不同的路径。

善经济的自然本性

善经济既源于人伦，同样也源于自然，合乎自然之理。从更为广阔的视角看，人不过是自然的一部分，是自然发展到一定阶段的产物。人类源于自然，同样也要回归自然。

绿水青山为什么就是金山银山？其实就是由善经济的一个重要特征即自然属性所决定的。从根本意义上说，善经济就是与自然和谐的经济，是可持续发展的经济，是融合农耕经济与工业文明而创造的新经济。

按照通行的以钱为本的逻辑，所有自然之物不过都是可以转化为金钱的媒介而已。在这种理念下，绿水青山是可以破坏的，只要能够变现，而钱又能"通神"，无所不能，那还有什么顾忌的？

其实，在古老的中华文明中，有一个基石性的理念，那就是天人合一！这一理念认为，人是自然的一部分。古老的《易经》就认为，有天地然后有万物，有万物然后有男女，因此要"立天道曰阴阳，立地道曰柔刚，立人道曰仁义"。在自然界中，天、地、人三者是相应的，人法地，地法天，天法道，道法自然。于是人安身立命的原则就是，天行健，君子应当自强不息；地势坤，君子应当厚德载物。中国人有一种特有的"天下观"！

在中国的"八卦"理念之中，乾为天，坤为地，震为雷，艮为山，坎为水，离为火，兑为泽，巽为风，全是自然现象升华为卦象，再通过不同的组合以认识人事与自然的现象。正如有的中国学者所说，西洋认识问题是要透过现象看本质，中国古老的传统则是强调通过现象认识现象，现象本身就带有本体性，因而强调"天人感应"的天人关系，认为宇宙和人是互通的。

出于对自然的尊崇，中国古代就产生出许多保护自然的政策。当然，古老的中华农耕文明就是依托于对自然的深刻认识，从而建立起了以时令、节气、中药、精耕细作的农作物耕种方式等为基本内容的知识体系。

在市场经济的条件下，尤其是人类进入人均 GDP 1 万美元的发展阶段以后，绿水青山怎样才能转化为金山银山呢？

第一位的就是只有保护绿水青山，人类才能可持续发展。如果大气、环境、土壤、河流山川都被污染，人们失去生存的基础，谈何发展呢？在新历史条件下保护绿水青山，是人类安身立命所在。

农耕文明，是丰富的宝藏。不仅是各类食品，还有各类植物的药用功能，都能给人类以休养生息的支撑。如果将其转化为市场的产品，怎么不可能得到丰厚的回报呢？

绿水青山之美，诗情画意，园艺劳作，更能陶冶身心。如果能够开发大地艺术，拓展山川原野自然之美，怎么不会产生良性的城乡互动，形成城市人口的生活情操依托呢？

更有意义的是，在信息时代，如果能够弥补中国传统农业现代化之短，发展现代农业的机械化耕作之便，就会形成第一产业、第二产业与第三产业的有机融合，怎么不会产生出新的生产生活方式呢？

古老的乡村，拥抱绿水青山，是文明的渊薮。如果任其凋萎，势必失去人类生存之本。经济与山水为善，自然是善经济的应有之义。

第四章

天命、使命与善经济

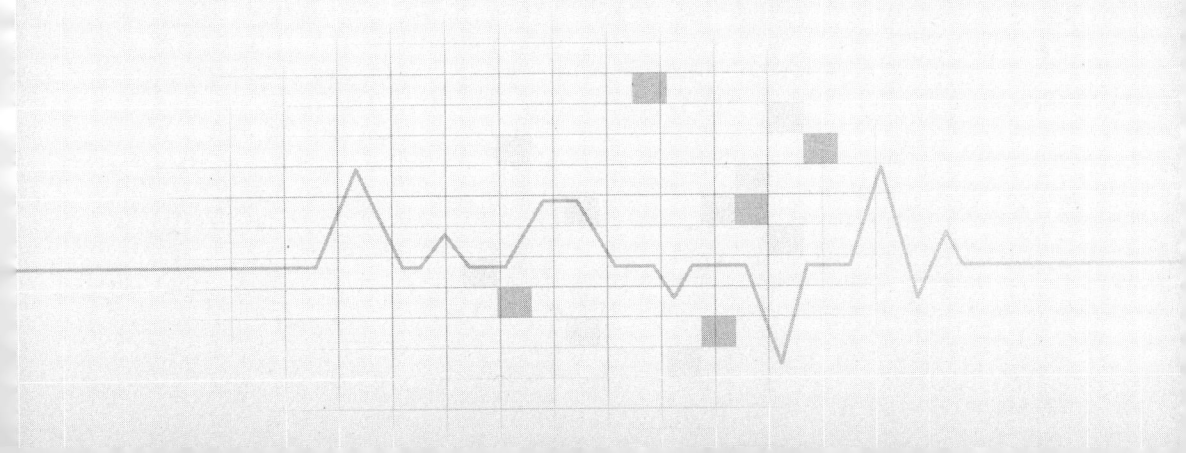

善与经济的结合点，有一个理念性的存在。这个理念为从事劳作，发展经济，其目的为何？如果唯一目的只是更多，不管是拥有更多还是占有更多，那就是仅仅停留于物欲状态，或者说只是处于高级动物状态，这样的经济形态很难被定义为善经济。

　　在东西方的文化中，其实都蕴藏着古老的统御经济发展的智慧，中国所遵循的为"天命"，西方则称为"使命"。在东西方文化的交汇中，天命与使命的交汇是当前最具有深度的对接场域，天下为公与构建人类命运共同体的理念，将会日益成为世人理解中华文明的重要视角。

华夏文明的天命观：人道与天道的因应

中国文化传统极为重视天命，无论是经济发展，还是日常生活的修养、公共生活的规范，都更多地被承担公共责任的精神滋养。

天命，其实就是天与人的关系。中华文明强调天人合一，信仰中有着对于天地和自然的崇拜。在某种意义上，中国的天与西方具有人格的神有着一定的相似性。中国人往往认为天即大自然是有意志的，对于人类的命运有着决定性的作用。

在中国的文化传统中，有两个很重要的概念，一个是"天子"，另一个是"君子"。天子是臣民对帝王的尊称，按《孟子·告子上》的定义："王者父天母地，为天之子也。"《尚书》有更为明确的记载："天子作民父母，以为天下王。"《诗经·大雅·江汉》也有这样的诗句："明明天子，令闻不已。矢其文德，洽此四国。"由此可见，即使帝王也要被谦卑地定为"天之子"而不能高于上天，由此可见天的至高无上性。

与天子观念密切联系的，即天命的观念。《史记·五帝本纪》记载："于是帝尧老，命舜摄行天子之政，以观天命。"这个天命，主要体现就是公共服务的职责与能力。人们往往通俗地认为天子一定要"替天行道"、履行天命！由此就产生出"父母官"的概念，就是说，无论是天子还是官员，都要承担起管理老百姓衣食住行的重要职责，尤其是赈济灾荒、防范瘟疫，更是政府的基本责任。

君子的概念更为广泛。君子的概念，在先秦典籍《尚书》《易经》《诗经》中已经普遍使用。《尚书·虞书·大禹谟》就有"君子在野，小人在位"的语句。《易经·象传》更是留下了"天行健，君子以自强不息"和"地势坤，君子以厚德载物"的著名论断。"窈窕淑女，君子好逑"则是《诗经·关雎》中脍炙人口的诗句。在《论语》中，孔子特别系统地阐述了君子的人格，就是要以行仁、行义为己任。流传千古的"君子喻于义，小人喻于利"（《论语·里仁》）、"君子和而不同，小人同而不和"（《论语·子路》）、"君子周而不比，小人比而不周"(《论语·为政》)、"君子成人之美,不成人之恶,小人反是"(《论语·颜渊》)、"君子坦荡荡,小人长戚戚"(《论语·述而》)、"君子求诸己,小人求诸人"(《论语·卫灵公》)等,已经融入华夏民族的文化基因而成为社会基本价值观的重要内容。

做君子,不做小人,已经成为中国人安身立命的标准。而"先天下之忧而忧,后天下之乐而乐""居庙堂之高则忧其民,处江湖之远则忧其君",更是深度归纳了中国读书人的家国情怀与积极并勇于承担社会服务的责任感。

在这种文化理念中,人们所产生的天命理念,更多地强调了人世与天的意志、天的命令的融合,同时也探讨了人与天的互动关系。一方面,强调天命不可违,要服从天命,听天由命,持主动服从的态度;另一方面,则是强调要认识天命,即认识自然的规律,更好地顺应自然,从而积极主动地发明创造。孔子说的"五十而知天命"就有着双重的含义,因为这里既包含承认天命,同时又认为天命通过人的努力是可知的。

这样一种天命观,产生于中国特有的文明范式。华夏民族生长于四季分明的肥田沃土,特别需要观天象,务农时,靠天吃饭,因而对天有着非比寻常的感受。在这里,怪语乱神没有太大的生存空间。人们只有辛勤劳作,充分认识自然,开发自然,才能够生生不息,孳养后代。这种天命观,与游牧民族和商业民族的理念有着相当大的区别。

中国古人用心辨识到天命。他们仰望星空,俯视万物,发现北斗指寅、大地回春的现象,概括出了"斗柄回寅"的认知。在这里,"斗"就是指北斗七星,"斗柄"是指斗杓,"回"是指斗柄的运转,"寅"则指寅方即东方。寅,属十二地支之一,方位是东,四季为春。而天干地支更是中华文明认识自然的一个基本理念,天干分为"甲、乙、丙、丁、戊、己、庚、辛、壬、癸"共为10个,地支分为"子、丑、寅、卯、辰、巳、午、未、申、酉、戌、亥"共为12个。十天干和十二地支依次相配,组成60个基本单位,两者按固定的顺序相互配合,组成了干支纪元法,一直绵延到现代社会。

斗柄回寅的计算方法即为,斗柄,就是北斗星之柄;四季中入夜时,可以清晰地看到,北斗星斗柄有四个不同指向:春东,夏南,秋西,冬北。斗柄指寅，即指东，为春季。斗柄回寅，就是从春开始，经过了夏、秋、冬，整整一年四季，之后会重新回到春季。这样，斗柄就从东方开始，经南、西、北转了完整的一圈，回到东方的寅位。所谓斗柄回寅，就意味着乾元启运，时回新春。

斗柄回寅有其科学的依据。因为在天文星象上，北极星恰恰位于地球地轴的北端，在北斗七星中的天璇与天枢连线的五倍延长线上。由于地球的自转，北极星正好处在天球转动的轴上，所以相对不动，而在轴边上的北斗星看起来就像围绕着北极星转一样，这就产生了"斗转星移"的现象。对于北半球的人们来说，北极星是出现在天空北部的一颗亮星，距地球北极很近，差不多正对着地轴，从地球上看，它的位置几乎不变，航海与旅行的人们经常靠北极星来辨别方向。而由于北斗星围绕北极星转动，北斗星也就被用来辨方向，定季节。于是，古人就根据初昏时北斗星斗柄所指的方向来决定季节：斗柄指东，天下皆春；斗柄指南，天下皆夏；斗柄指西，天下皆秋；斗柄指北，天下皆冬，同时根据北斗星斗柄所指的不同位置来确定十二月份。

根据十二月份的划分，中国古代又发明了"二十四节气"以准确地指导农耕生产与社会活动方式，"二十四节气"是干支历法中表示自然节律变化以及确立"十二月建"的特定节令。十二月建，即北斗七星斗柄旋转依次指向十二辰，分别为：正月建寅，二月建卯，三月建辰，四月建巳，五月建午，六月建未，七月建申，八月建酉，九月建戌，十月建亥，十一月建子，十二月建丑。在国际气象界，二十四节气被誉为"中国的第五大发明"。二十四节气最初主要是依据斗转星移制定，北斗七星循环旋转，斗柄顺时针旋转一圈为一周期，谓之一"岁"（通称摄提）。现行的二十四节气是依据太阳在回归黄道上的位置制定，即把太阳周年运动轨迹划分为二十四等份，每十五度为一等份，每一等份为一个节气，始于立春，终于大寒。一岁四时，春夏秋冬各三个月，每月两个节气，每个节气均有其独特的含义。

二十四节气的内容包括，春季：立春、雨水、惊蛰、春分、清明、谷雨；夏季：立夏、小满、芒种、夏至、小暑、大暑；秋季：立秋、处暑、白露、秋分、寒露、霜降；冬季：立冬、小雪、大雪、冬至、小寒、大寒。这是上古先民顺应农时，通过观察天体运行，认知一岁中时令、气候、物候等变化规律后所形成的相当完备的指导经济发展与社会生活的知识体系。

天命，客观上蕴含着相当丰富的知识内容，在以农耕为主要生产方式的时代，经济活动顺从于天命而耕种，获得丰收，丰衣足食，人们自然崇拜上天，认天为父，认地为母，听天命，日出而作，日入而息。

基于这种生活方式，人们自然产生天人合一的理念，认为人是自然的一部分，天、地、人三者是相应的。《庄子·达生》明确写道："天地者，万物之父母也。"而在《易经》中更将天、地、人并立起来，特别强调三才之道，同时将人放在中心地位。认为天有天之道，天之道在于"始万物"；地有地之道，地之道在于"生万物"；人不仅有人之道，而且人之道的作用就在于"成万物"。这样的理念，非常形象地说明天地人三者虽各有其道，但又相互对应、相互联系，是一种内在的生成关系。

在古代的经典中，也有着对天命的多角度理解。如死生在命、富贵在天的观念，容易产生安分守己、乐天知命的想法。与此同时，尽人事以听天命，谋事在人、成事在天，则是更为流行的理念。更为积极的理念则是认识天命，自觉肩负起应当承担的职责。《孟子·万章上》说："莫之为而为者，天也；莫之致而至者，命也。"这是将天与命结合后的再对天与命逐字定义。最为积极的定义是《荀子·天论》，其著名的论断为："天行有常，不为尧存，不为桀亡。应之以治则吉，应之以乱则凶。强本而节用，则天不能贫；养备而动时，则天不能病；修道而不贰，则天不能祸"。"天有其时，地有其财，人有其治。""大天而思之，孰与物畜而制之！从天而颂之，孰与制天命而用之！望时而待之，孰与应时而使之！"在这里，荀子鲜明地提出了制天命而用之的思想。

中国的天命观，确实是一种相当积极进取、承担义务的理念，是对自然的客观认知，是运用于经济与社会生活的知识体系。

天命观下的公共经济制度

在天命观下的经济与社会生活，有着十分独特的逻辑，其经济制度带有很强的公共性。

就个体而言，最为根本的，是人们更多地信奉"君子爱财，取之有道"的财富观，财与道紧密联系，人们对无限制地追求并不肯定。

对于财富量持节制理念的典型有很多，在中国商业文化中特别崇拜的对象是春秋时代的范蠡。《史记·越王勾践传》有这样的记载，范蠡辅佐勾践兴越国，灭吴国，一雪会稽之耻，成就霸业，被封为上将军。他在功成名就之后就急流勇退，离开越国，化名鸱夷子皮，遨游于七十二峰之间。其间三次经商成巨富，三散家财。据记载，他到达齐国后，耕于海畔，苦身勠力，父子治产。没过多长时间，就致产数十万。齐人闻其贤，以他为相。几年后范蠡喟然叹曰："居家则致千金，居官则至卿相，此布衣之极也。久受尊名，不祥。"乃归相印，尽散其财，以分与知友乡党，而怀其重宝，间行以去，止于陶，以为此天下之中，交易有无之路通，为生可以致富矣。于是自谓陶朱公。复约要父子耕畜，废居，候时转物，逐什一之利。居无何，则致赀累巨万。范蠡一生艰苦创业、三致千金，树立了广散钱财救济贫民且淡泊名利的商人形象，特别是他巨大的经商思想理论的影响力，在其去世后，逐渐被后世尊为财神、商圣、商祖。

范蠡对待权力与财富的态度，"久受尊名，不祥"的埋念和三散家财的品行，为中国社会树立了典范性的榜样。他的行为受人尊崇的现象表明，中国社会的商业伦理受其深远的影响。这一商业文明的突出特征就是，人们对于财富的公共性，财富与社会的关系，有着更高的认同。

中国社会财富观公共性的核心，就是个人财富要与社会共享，不能进行大规模的长期垄断，也就是说，在历史上，不鼓励大规模的奴隶制劳动，而是实行规模较小的自耕农生产。生产资料与劳动者的结合较为紧密，因而人们更热爱劳动，而不是憎恶劳动甚至破坏生产工具。人们从事劳动，往往带有一种特别的喜悦，采茶、种田，山歌相伴。在这样的环境中，就必然要追求农业生产方式的不断改进和各个家庭生活质量的持续性与不断提升，于是，中国就产生了精耕细作的农业传统。农作物的改良尤其是新品种的引进，往往能够得到相当快的普及。比如，历史上玉米、红薯在被引进后，很快就得到了全国范围内的推广。各家都在努力自给自足，于是饮食文化就十分发达，几乎每个家庭主妇都是厨师，每家的餐桌上每天都有炒菜，是完全正常的。而对于垄断的限制，则使得多样化的物产相当普遍，有不少村庄都能够有自己独特的产品。

在宏观层面上，中国社会所向往的，是天下为公的大同理想，即要共同解决社会问题以达到共享的目标。

在《礼记·礼运篇》中有这样的阐述："大道之行也，天下为公。选贤与能，讲信修睦，故人不独亲其亲，不独子其子，使老有所终，壮有所用，幼有所长，鳏寡孤独废疾者皆有所养。男有分，女有归。货恶其弃于地也，不必藏于己；力恶其不出于身也，不必为己。是故谋闭而不兴，盗窃乱贼而不作，故外户而不闭，是谓大同。"

这里所向往的理想就是，在大道施行的时候，天下是人们所共有的，把有贤德、有才能的人选出来，人们讲求诚信，崇尚和睦。人们不单奉养自己的父母，不单抚育自己的子女，还要使老年人能终其天年，中年人能为社会效力，幼童能顺利地成长，使老而无妻的人、老而无夫的人、幼年丧父的孩子、老而无子的人、残疾人都能得到供养。男子要有职业，女子要及时婚配。人们憎恶那种在共同劳动中不肯尽力的行为，倡导不为私利而劳动的行为。这样一来，就不会有人搞阴谋，不会有人盗窃财物和作乱，各家都不用关大门，这就叫作"大同"社会。

这种大同社会的理想，为中国历代志士仁人所向往。这是不需要外在的神来要求的一种理想，也是中国社会的基本价值观之一。所以人们更强调的是均富而不是极端的贫富差距。如果整个社会贫富差距过大，就要运用各种手段来进行调节。在中国历史上，如果土地与财富兼并严重，经常使用的社会经济调节办法是改朝换代，进行以几百年为一周期的财富重新分配，手段往往是通过农民起义，最终均分土地，达到适度的平均。这在世界各国历史上是相当罕见的，甚至可以说绝无仅有。

从根本上说，在中国社会的传统中，社会的运行不是以财为本而是以人为本。在其继承制度中，表现得十分突出。对于父辈的财产，儿子们一般是平均分配而不是如同一些西方国家那样实行长子继承制度。既然是平均分配，不可能产生特别大的矛盾，因为人人都有份儿。于是，家庭财产的传承往往是由"老娘舅"在家庭内部来调节，并不需要特别的法律和法官。中国的伦理，在相当大程度上履行了西方社会法律体系的保障功能确实是非常特殊的"中华正义体系"。

　　由于中国社会基层以村庄为本位，村庄内部均为平等的左邻右舍，各家之间往往为同族本家或者远近的亲戚，于是邻里互助就成为经常性的现象。这种社会结构，不同于封建制或者农奴制度下的社会，等级身份的界限不可逾越。推而广之，中国社会还存在更大范围的"一方有难，八方支援"精神，只要一个地方有了困难，别的地方就认为自己有义务来支援，在这种格局中，财产关系并不是太严格。如果深究这一制度的起源，至少可以追溯到封邦建国的周代，各个诸侯与周天子之间，往往是非本家即亲戚，因而朝廷与各诸侯国之间关系的维护，也就是灾害的互助与婚丧嫁娶的礼义往来，并不需要强大的中央军队的强制维系。这种传统的延续与发扬，到了现代更为突出。

　　社会生活中的公共精神，在经济中最为突出的体现就是井田制度。据传，井田制是春秋时期以前实现土地公有的有效途径，尤其是西周时期较为普及的土地制度。因土地划分为许多方块，并且形似"井"字，所以称为井田制。在《孟子·滕文公上》有这样的记载："方里而井，井九百亩。其中为公田，八家皆私百亩，同养公田。公事毕，然后敢治私事。"井田制的基本特点是实际耕作者对土地无所有权，而只有使用权，土地在一定范围内实行定期平均分配。井田制规定一切土地归国家所有，周天子是全国最高的统治者因而也是最高的土地所有者。正如《诗经·小雅·北山》所说："溥（普）天之下，莫非王土；率土之滨，莫非王臣。"周天子把土地层层分封给诸侯，诸侯将受封土地分赐给卿大夫，卿大夫把土地再分赐其子弟和臣属。周天子对所封土地有予夺之权。各级受封的贵族对土地只有使用权，没有所有权，只能世代享用，不能转让与买卖。而在那时的文献中，也能够看到公田与私田的区分。这说明，即使在井田制度下，公与私的关系也是得到了妥切的处理。

　　至今，在史学界，学者们对是否真正存在着井田制还有争论。但如果看一下现在农村的集体所有制，就会对井田制度的存在有更透彻的理解。因为农村的集体所有制就是以村庄为基本单位，村庄之内的土地为集体所有，对外不能转让与买卖。在中国的土地制度中，既有集体所有制，又有农民的自留地，还有国有土地。如果缺乏悠久的历史传统，中国这一独有的集体所有制，不可能至今依然保持有如此持续的影响力。也许，正是井田制度，透视出中国公与私的特殊结合点。

中国经济的公共性、社会性，也许正是在井田制中得到了培育。这一经济，可能很大程度上塑造了华夏民族的经济品格。这一品格的基因不是金钱为本，而是民生为本，以民为本，这类经济是既可以与国有经济接轨，也可以与私有经济融合的独特类型，是一种以善为核心的经济体。

西方的使命与经济理念

东西方文化确实沿着不同的道路发展。西方并没有出现中国式的天命观，而是形成了带有宗教特色的使命观。

在中国古代的词汇中，使命主要是指出使的人所领受应完成的任务，特指奉命办事的人。在《左传·昭公十六年》中就有这样的论述："会朝之不敬，使命之不听，取陵于大国，罢民而无功，罪及而弗知，侨之耻也。"但是，在西方的语汇中，使命则充满宗教的意义。例如，基督徒就认为，选择委身基督是他们的基本生活方式，人生的最高目的或意义就是诚心顺从上帝，遵行上帝的意旨，胸怀上帝交付的使命并竭力完成使命，依靠主与服从主是教徒完成使命的两个必要条件。

西方社会在经济发展中谈使命，其重点首先是讲效率，同时讲十分之一的捐赠。不过这种捐赠最初主要是指对教会的捐赠。西方不少国家目前的大量捐赠行为也主要发生在教区，个人经常性捐赠的主要对象还是教会。

西方经济生活中广泛流行的是讲究效率和才干的马太效应，其理念来源于《圣经》。在《新约·马太福音》中有一则这样的寓言：

从前，一个人要出门远行，临行前，交给三个仆人每人一份银子，吩咐道："你们去做生意，等我回来时，再来见我。"主人回来时，第一个仆人说："主人，你交给我的五千银子，我又赚了五千。"于是，主人称赞道："好！你这又良善又忠心的仆人，你在不多的事上有忠心，我要把许多事派给你管理。"第二个仆人报告说："主人，你给我的两千银子，我又赚了两千。"于是，主人给予他同样的评价。

第三个仆人报告说："主啊，我知道你是忍心的人，没有种的地方要收割，没有散的地方要聚敛，我就害怕，去把你的一千银子埋藏在地里，请看，你的原银子在这里。"

主人对第三个仆人的回答是人们意想不到的，他说："你这又恶又懒的仆人！你既知道我没有种的地方要收割，没有散的地方要聚敛，就当把我的银子放给兑换银钱的人，到我来的时候，可以连本带利收回。夺过他这一千来，给那有一万的！因为凡有的，还要加给他，叫他有余；没有的，连他所有的也要夺过来。把这无用的仆人丢在外面黑暗里，在那里哀哭切齿吧！"

这就是著名的"马太效应"，反映的是西方经济发展中普遍存在的一个现象，即赢家通吃，强者愈强、弱者愈弱。它更反映着资本主义社会富的更富、穷的更穷，一种两极分化的社会现象。

很有意思的是，1897年，意大利经济学者帕累托偶然注意到19世纪英国人的财富和收益模式是大部分的财富流向了少数人手里。接着他进一步发现，在其他国家也都存在着这种微妙关系，并且在数学上呈现出一种稳定的关系。于是，他得出了著名的结论：社会上20%的人占有80%的社会财富，也被称为80/20法则、关键少数法则、八二法则、二八定律等，即财富在人口中的分配是不平衡的。接着，罗马尼亚管理学家约瑟夫·朱兰将帕累托法则上升为一条管理学原理，他认为在任何情况下，事物的主要结果只取决于一小部分因素。同时，人们还发现生活中存在许多类似的不平衡现象。因此，二八定律成了这种不平等关系的简称，不管结果是不是恰好为80%和20%。

这样，马太效应从宗教伦理到理论化，不仅已经是经济竞争中的通则，而且更广泛地应用于教育、金融甚至政治与社会领域。也就是说，在经济领域，鼓励竞争，讲究效率，赢家通吃。而在取得较多的财富后，再倡导慈善、捐赠。由于西方基本不存在中国式的农村社区而普遍存在着教区，所以捐赠大都流向教堂，通过教堂来组织慈善活动。

为什么资本主义尤其是工业革命能够在西方产生？20世纪初，德国学者马克斯·韦伯在《新教伦理与资本主义精神》中进行了深度探索，并形成了广泛影响的理论。他特别发现，宗教观念即新教伦理与隐藏在资本主义发展背后的某种心理驱力即资本主义精神之间有着生成关系。他认为，是新教伦理产生了资本主义精神，由此才推动了资本主义的产生。

马克斯·韦伯发现，欧美工商界领导人、资本占有者、近代企业中的高级技术工人，尤其是受过高等技术培训和商业培训的管理人员，绝大多数是新教徒。他指出，从表面看似乎是由于天主教专修来世，新教着重现在的物质享乐的同时又存在既苦修来世又腰缠万贯、极度的虔诚和毫不逊色的经商手腕的惊人结合。这种结合可以使人们认识到，艰苦劳动精神、积极进取精神的觉醒应该归功于新教，不必像流行的看法那样将其理解为对生活乐趣的享受。他特别强调："艰苦劳动精神，积极进取精神（或不管将其称为什么精神）的觉醒往往归功于新教，必须不要像流行的看法那样将其理解为对生活乐趣的享受，或也不应在任何意义上与启蒙运动联系起来。"①

马克斯·韦伯认为，资本主义精神就是这样一种观念、一种奇特的伦理、一种精神气质，个人有增加自己的资本的责任，而增加资本本身就是目的，违反其规范会被认为是忘记责任。在这种精神影响下，个人把努力增加自己的资本并以此为目标的活动视为一种尽责尽职的行动，把赚钱本身当作一种目的、一种职业责任、一种美德和能力的表现。"事实上，这种伦理所宣扬的至善——尽可能地多挣钱，是和那种严格避免任凭本能冲动享受生活结合在一起的，因而首先就是完全没有幸福主义的（更不必说享乐主义的）成分掺在其中。这种至善被如此单纯地认为是目的本身，以致从对于个人的幸福或功利的角度来看，它显得是完全先验的、绝对非理性的。人竟被赚钱动机所左右，把

---

① ［德］马克斯·韦伯：《新教伦理与资本主义精神》，于晓、陈维纲译，生活·读书·新知三联书店1987年版，第30页。

获利作为人生的最终目的。"①

马克斯·韦伯指出，一个人对天职负有责任乃是资产阶级文化的社会伦理中最具代表性的东西，而且在某种意义上说，它是资产阶级文化的根本基础。这种现代理性资本主义的经济行为，以合理地计算收支、有条理地安排生产经营活动为基本特征，与新教徒那种井井有条、系统安排的人世禁欲主义生活方式是完全一致的。新教人世禁欲主义伦理为资本主义企业家提供了一种心理驱动力和道德能量，从而成为现代理性资本主义兴起的精神动力，也是现代资本主义得以产生的重要条件之一。马克斯·韦伯写道："个人道德活动所能采取的最高形式，应是对其履行世俗事务的义务进行评价。正是这一点必然使日常的世俗活动具有了宗教意义，并在此基础上首次提出了职业的思想。这样，职业思想便引出了所有新教教派的核心教理：上帝应许的唯一生存方式，不是要人们以苦修的禁欲主义超越世俗道德，而是要人完成个人在现世里所处地位赋予他的责任和义务。这是他的天职。……路德认为，修道士的生活不仅毫无价值，不能成为在上帝面前为自己辩护的理由，而且修道士生活放弃现世的义务是自私的，是逃避世俗的责任。与此相反，履行职业的劳动在他看来是胞爱的外在表现。"②

受使命理念的影响，人们在实践中把马太效应与以赚钱为目的的天职结合起来，实际生活中则是以钱为本，其集中体现就是私有制，认为财产神圣不可侵犯。许多国家建立起长子继承制度以维持财产的整体性而不被分割。在这样的文化氛围中，长子继承财产之后，其他子女都不可能得到基本生活的保障，于是又发展出严密的法律体系来保护私有制，接着产生出殖民主义的理念鼓励非长子移民海外开拓生存空间的社会行为。

这样的使命观及其实践的结果，促成了工业革命。但随之带来了巨大社会矛盾，贫富不均严重分化，无产阶级与资产阶级尖锐对立。面对这种矛盾，马克思、恩格斯发表《共产党宣言》，创立马克思主义，建立无产阶级革命政

---

① ［德］马克斯·韦伯：《新教伦理与资本主义精神》，于晓、陈维纲译，生活·读书·新知三联书店 1987 年版，第 37 页。

② 同上书，第 59 页。

党，赋予工人阶级政党的使命即推翻资本主义统治并建立社会主义制度。欧洲的社会主义运动促成了俄国十月革命的爆发和共产党的产生，并建立起计划经济制度以管理资本。在西欧与北欧，则是建立起高额累进税、遗产税和社会福利制度等，对资本进行系统限制。在这一历史进程中，宗教型的使命理念转化为工人政党的社会使命，完成了使命的政治化和社会化。

天命与使命的交互

自从西学东渐以来，中国人逐渐接受了使命的理念并对之进行了非宗教意义的改造。在一定意义上可以说，1840 年以后的中国历史，正是中华文明将天命与使命结合的历史。而到了 21 世纪，随着中华文明的复兴，一场在世界范围内将天命与使命结合的创新的大潮正在波澜壮阔地展开。

在中国文化中，重要的是知天命，通过天命促成使命，从现实中找寻生活的意义，发现并定位自身的使命。而西方以英美为代表的文化体系，也在通过坚守使命而追求普世价值，希望能够荣耀一定的信仰而使得经济和社会得到更好的发展。东西文化的历史性交汇正在日益波澜壮阔地展开。

中国人对问题的认识往往是从整体观开始的。在近代中国的历史进程中，无数志士仁人都会把国家的积弱不振作为一个重大的社会课题，以此来自觉探索民族复兴之路，这是一种天命感的真实写照。而在行动中，从经济、政治、军事、社会与文化多个领域的不同角度肩负起各自的使命。最早，许多革命者完全照搬西方，结果发现并不能成功。于是，以毛泽东为代表的中国共产党人开始把马列主义普遍真理与中国实际相结合，部分借鉴苏俄经验，使中国革命最终成功并建立起了中华人民共和国。在建设之初，中国也曾照搬过苏联模式，实行计划经济，全面彻底地国有化、集体化，结果碰壁。正是在不断探索的基础上，1978 年，中国决定实施全面改革开放，从而取得举世瞩目的成就。

中国的经济建设，一开始是以解决国计民生问题为其基本定位，鼓励一部分人先富起来，其定位则是先富带动后富。整个社会经济发展目标是 2000

年人均 GDP 达到 1000 美元，基本达到小康水平；到 2020 年，则全面建成小康社会；到 2035 年，基本实现社会主义现代化；到 2050 年，全面实现社会主义现代化。如果说，在革命战争年代，毛泽东曾经将中国革命定位为中国共产党领导下的农民战争，而改革开放的探索，在人类的经济发展史上开创了由中国共产党领导进行市场经济建设、走中国式现代化的宏大格局。

从世界经济发展的大势看，善经济的内核，不是以钱为本，而是以人为本。也就是说，经济发展的内在逻辑不可能是不择手段、唯利是图的狼性文化，而是互利互惠、共生共荣的善财之道。善经济的价值趋向，是天下为公，而不是天下为私。善经济强调的是共享，而不是个人的独占。可以借鉴《易经》的语言进行重新阐述：天行健，社会当趋向大同。

善经济的所有制结构，是一种公共性很强的混合所有制。私有制要不要受到保护？各国的传统与法律、法规要不要受到尊重？回答当然是肯定的。但是也要看到，资本主义国家即使在美国也有不少政府所有制的产业，而有的资本主义国家甚至公开运用情报机构、军事力量和法律机构对本国企业实施保护和支持并以各种手段打击其他国家的同类企业，这远远超过任何实施社会主义政策的国家。因此，国有制是世界上的一种普遍现象，不过是程度与形式不同罢了。另外，中国特色的集体所有制，也是由中国国情所决定的。混合型的所有制结构，恰恰是东西方经济发展大汇合的结果。

善经济有很强的实践性。这种实践，既需要企业决策层、管理层与执行层的良性互动，也需要参与市场的各方履行不同的社会责任，更需要较好的治理体系，需要高质量的公共管理。善经济需要人们不断地实践，只有在实践中不断地创新，才会促进经济与社会的快速进步。

善经济一定是开放型的经济。在世界经济全面一体化的进程中，无论哪一个国家，都不可能闭关自守，因为市场的发展、信息技术的进步和全球化进展，已经使得世界日益紧密地联系在了一起。

善经济的发展，需要的是建设人类命运共同体的价值观与宽广的胸怀。人类本来就是命运与共的群体。在应对全球变暖与新冠炎疫情的斗争中，人们会更为充分地认识到各国互相支持，共同抗疫的必要性。在这样的经济和社会结构中，如果某一个民族坚持自身优先，就会显得不近情理，显得狭隘而缺乏理性。

在天命与使命交汇的主基调中，全球各国所展现的趋势，恰恰是人类文明的升华，是人类公共精神的发扬。

天命型的产业与使命型的服务

善经济的发展客观上是产业升级的必需。这主要是因为善经济是人类经济发展的必然，也可以说是天命使然。善经济是使命型的经济，整个经济正在不断地转换为由使命驱动。而生活型服务业的发展更有赖于使命。

由于生产率的极大提高和社会保险、医疗保险体系日益健全，最低生活制度日益巩固，极端贫困问题在中国已经得到根本性的解决。当人类基本不是在为解决温饱问题而奔波时，人们为什么还要以紧张的节奏来创业与工作呢？

其实，在人均GDP达到1万美元和社会福利不断进步的前提下，人们已经从为生存而工作转化成为发展和提升而工作。改善生活无止境，美好生活的提升无止境，发展也无止境。整体上，创意产业不断发展，人们正在通过持续的创新来探索解决各类经济与社会发展的问题，美好生活将会创造更多新的工作机会。

以农业为例，如何提升农业的现代化水平？如何将机械化不断地运用于田野劳动的每个环节？如何不断地提高粮食产量？如何增加食品的多样性？更进一步，乡村振兴如何发展？应该说，这里存在着巨大的发展空间。

即使发展高科技，也需要社会伦理即社会价值的光大。有的领域如基因研究，就涉及基因的生态伦理学，即规范和协调基因工程与生态环境之间的矛盾；而基因的社会伦理学，则是要规范和协调基因工程与社会伦理方面的矛盾问题。因为，一方面，基因工程引发了一些生态问题，特别是极大地影响了生物多样性的发展，而生物多样性正是自然可持续发展的基础；另一方面，基因工程还引发了许多社会伦理问题，从克隆技术到人类基因组的重大发现，社会伦理问题日益凸显，而人类社会相应的社会伦理体系却还没有建立起来。

在气候变暖方面，全球进入极端性气候日益增加的阶段。不管是欧美国家、俄罗斯、中国还是印度，都开始出现反常的气候现象，天人关系正面临着新的定位。海平面真的会不断升高吗？那么，沿海城市会受到威胁吗？而全世界的许多大城市都是沿海而建，人类的生存方式会不会受到影响？

应该说，这是整个人类历史发展的进程所提出的天命性要求。天道与人道正在密切交互。人类如何将自身的发展与大自然的变化协调起来，确实是一个巨大的考验。

而在社会领域方面，发展善经济，更需要使命的理念。仅仅以养老服务业为例，中国有一句俗语"久病床前无孝子"，从事养老的工作人员如果缺乏使命，怎么能长久地、毫无怨言地照料失能或半失能的老年人呢？况且，长寿时代的到来，意味着"人活七十古来稀"已经转化为"人活八十岁不稀奇"，有的国家八十岁以上的人口数量正在超过千万甚至达到几千万。显然，面对这一大变局，传统的养老服务体系已无能为力，人类社会应该如何重新组织和调整才能满足新的社会需求呢？

即使幼儿园的工作人员也是一样。如果缺乏使命感，缺乏基本的职业道德，怎么可能会善待儿童呢？恰恰儿童是最需要得到深切的关爱的，从事儿童工作的人员，应该有更高更专业的职业伦理水准。

应该说，仅仅以钱为本，对于新的社会问题将会逐渐无能为力，天命与使命的交叉和融合，已经成了发展生活性服务业的基本前提。无论以何种不同的方式，在较大的范围内实现就业人员的使命性转型，创造新的企业生态，逐渐成为经济向善发展的基调。

社会组织功能的升华

在善经济日益发展的当代社会，人们逐渐发现，仅仅依赖企业自身实现天命与使命的结合并创造出一种具有崭新形态的经济系统是很困难的。现实的经济结构确实需要新的业态，也确实需要新的动能。从以钱为本转向以善为本需要更为广泛的发展空间。

于是，人们开始把目光聚焦于社会组织尤其是慈善组织。在以前的经济形态中，社会组织不过是人类自我组织的一种方式，是政治组织与经济组织的一种补充，它并没有发展经济的功能，并且需要经济组织与政治组织的支持与引导。现在，人们突然发现，社会组织具有新的经济形态所需要的许多基本要素。

其实，社会组织本来就有经世济民的使命，许多组织成员往往是怀有远大的理想而希望奉献社会。社会组织的天命就是要服务社会，不以营利为目的，并弥补政府与经济组织的不足。其最基本的使命就是在特定的社会领域解决各类政府与社会不容易解决的问题。在国际上，许多社会组织就是把联合国所确定的可持续发展的 17 项指标自觉地作为自身的使命，从而动员各类社会力量的参与。在这些方面，社会组织并不希望营利，许多人只是奉献而不讲索取。当然，这里所说的非营利，并不是不要领工资和其他收入以保障基本生活。比如，有的动物学家为了保护动物而与某类动物长期生活在一起几十年，获得了极为丰富的动物保护知识，他们的这种奉献所得的收入确实能够保障基本生活。

况且，社会组织往往能够容纳 10% 左右的就业人口，还能够产生 5% 左右的 GDP，其社会功能正在迅速地转化为经济功能。许多国家都开始认识到社会组织的经济属性，有的国家甚至将社会组织的发展列入招商局的职责，希望更多地引进国际社会组织以承担起不同形式的社会服务和社会提升职责。

同时，社会捐赠往往把善款直接给予社会组织尤其是特定的慈善组织。社会组织尤其是慈善组织则承担着将社会大众的爱心转化为各种形式的社会服务以解决各类社会问题的枢纽性功能。应该说，社会组织客观上也在从事着社会性投资并直接发展社会事业。在这个方面，政府与企业都不可能完全替代。

还有，善经济的发展特别需要志愿服务，而社会组织恰恰是志愿服务的动员与组织的基本枢纽。许多国家的经验证明，志愿服务精神往往能够动员起 20% 以上的成年人参与到志愿服务的行列。志愿服务往往能够动员起无论男女老少或者各行各业的人才投入到不同形式的服务之中。

仅以国际著名的慈善家证严法师所创造的台湾慈济组织为例，其基本理念之一就是：道场就在社区。该组织鼓励会员在各个领域尤其是在社区开展环保、老年人与儿童和残疾人的服务，因而使得其成员即使八十岁以上，还有可能会参与社区捡垃圾、维护交通、孝老敬老等活动以奉献服务！

社会组织还往往针对社会问题，组建社会企业、社区企业包括社区利益公司等，开展社会影响力投资，将社会组织的可持续发展与商业动作融合起来，从而将企业的安身立命之本直接植根于解决社会问题的使命之中。这其实直接为善经济的发展开辟了广阔的发展道路。

善经济的形态：知识经济与社会经济的融合 第五章

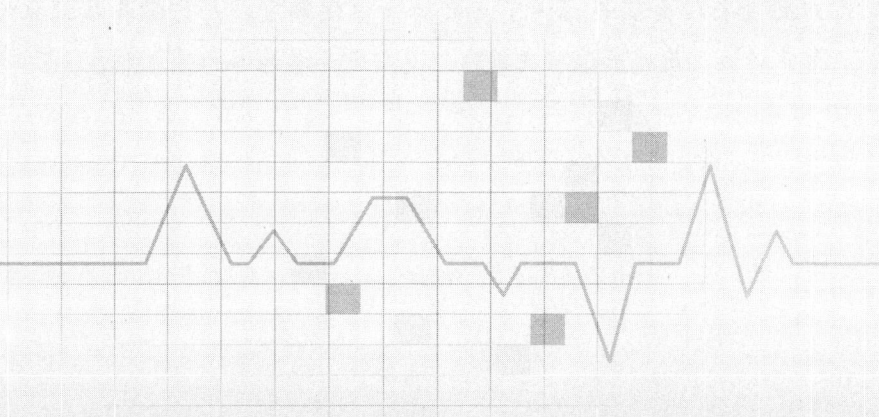

知识能否与经济联结？饱读经典的士大夫能否经商？这在古代是很难有肯定答案的。范蠡经商，是迫不得已，那时候，商人的地位很低。晚清的状元张謇经商，更多是因为想救亡图存，势有所迫。即使在古希腊时代，也将求得知识与实践的应用严格区别开来。正是工业革命，促成了科学技术与经济的结合，人们视科学技术为第一生产力，并将其视为富国强兵的依托，这一理念，在20世纪已经成为人类社会的共识，各国甚至开始通用知识经济的概念。当然，这里所说的知识经济主要指的是科学技术的转化，包括机械化、工业化、国防现代化等，其中尤其是信息化的发展水平。

早在20世纪80年代，日本学者堺屋太一在其所著《知识价值革命》一书中即提出，由于技术、资源环境以及人口的变化，将创造出"知识的价值"成为经济增长和资本积累主要源泉的知识价值社会，并因此而产生使人们的伦理观念和审美观发生急剧变化的社会大变革。[1]他特别强调了审美观与伦理观念对于经济发展的决定性作用。

在生产力发展水平达到人均GDP达1万美元以后，知识经济的形式与内容会发生本质性的变化。在科学技术不断地转化为生产力甚至是日用产品从而具有经济价值的同时，最为突出的，就是知识经济日益社会价值化的趋势。与此同时，社会经济的发展，更是不断增长壮大从而形成了巨大的知识化潮流。知识经济与社会经济，正在经历全面汇合的进程，逐渐成为善经济的基本形态。

---

[1] ［日］堺屋太一：《知识价值革命》，黄晓勇等译，生活·读书·新知三联书店1987年版，第4页。

知识经济的社会价值化趋势

知识经济的社会价值化是高质量发展阶段一个新的经济发展主题。在科学技术、能源技术和数字技术的创新发明中，人们已经更为突出地强调其自身的社会价值。

知识经济是 20 世纪后半期的一个重要概念。在第二次世界大战以后，随着科学技术的广泛应用，经济发展与科学技术研究形成了密不可分的联系。进入 20 世纪 90 年代尤其是到 21 世纪初，在全球化日益加深的背景下，信息化和信息技术的应用已经迅速成为知识经济的基本特征，人们甚至更为广泛地使用数字经济的概念。在这样的历史进程中，一个突出的特征日益呈现，其集中表现就是，知识经济日益为社会价值所规范。如果说，在生产力水平还不太发达的情形下，知识经济更多是沿着市场化和经济价值化的方向发展，较为典型的口号就是，知识尤其是科学技术就是第一生产力；那么，在生产力日益发达的当代世界，人们日益认识到，知识经济需要较高的社会价值规范并且也应该更为扎实地沿着社会价值化的方向发展。

在全球范围内，知识经济的社会价值化趋势日益明显。

更为突出的表现是各国经济发展的模式开始出现转型，新的发展理念逐渐成为国际社会的共识。其基本逻辑简单明白：发展需要可持续。世界流行的经济理念已经转化为可持续发展，而不是单一的速度型发展。也就是说，一个新的发展模型开始为人类社会所接受。

可持续，其实是发展方式的一场大革命。仅仅在能源领域，要发展清洁能源，就需要进行根本性的转型。生态文明的理念则促成了国家政策的转型，典型的政策案例就是：对于大江大河"不是大开发，而是大保护"，经济伦理的基点产生了根本性的位移。

另一个趋势是发展过程中不再只强调效率，而是要将公平放在重要位置。本来，效率与公平是一对矛盾，在经济与社会政策中需要掌握平衡，努力使其互为表里，相得益彰。但是，在过度强调效率的情形下，许多组织和机构流行的是末位淘汰制度，不管是什么工作都要讲究效率。甚至在大学教育中，如果一个教师的各项效率指标排在了末位，那就要被淘汰或者进入被淘汰之列。一旦过度强调效率，就要求对工人的每个工作细节进行效率性研究，包括上厕所、吃饭和睡觉的时间等，都被纳入了考核之列。更有甚者，"996"也成为一时的流行工作法，即每周都要上班6天，每天都是早上9点上班，晚上9点下班，即使公众舆论，也并不批评这一行为明显违反了8小时工作制的规定。

在过于强调效率的传统经济模式中，社会崇拜"金钱至上"理念，鼓吹不讲道德的"狼性文化"。效率的过度化往往会产生巨大的垄断集团，这些集团往往打出价格战，通过恶意降低价格摧毁中小企业的发展机制，甚至会破坏市场的公平竞争环境。针对这些全球性的问题，许多国家注意政策调整，强调公平，提高福利，将以公益慈善为重要内容的第三次分配纳入基本公共政策的框架之中，以此遏制贫富差距的扩大。这一趋势表明知识经济的公共伦理日益提升。

在国际社会的重大议题方面，各国也开始高度关注以应对气候变化为主题的可持续发展。1992年，《联合国气候变化框架公约》通过；1997年，《京都议定书》通过；2015年12月12日，《联合国气候变化框架公约》的近200个缔约方在巴黎气候变化大会上同意通过《巴黎协定》，2016年4月22日该协定在美国纽约联合国大厦签署并于2016年11月4日起正式实施。这一协定对2020年后全球应对气候变化的行动作出了统一安排，其长期目标是通过可持续生活方式以及可持续的消费和生产模式，将全球平均气温较前工业化时期上升幅度控制在2摄氏度以内，并努力将温度上升幅度限制在1.5摄氏度以内。

需要特别注意的是，在人类发展历史上，这是第一次由联合国的文件即《巴黎协定》的方式将世界所有国家都纳入了呵护地球生态确保人类发展的命运共同体当中。人类正在摈弃"零和博弈"的狭隘思维，共同探讨多一点共享、多一点担当，实现互惠共赢的未来。在经济发展模式方面，《巴黎协定》展现了全球发展的新方向：最为重要的，就是缔约各方承诺以"自主贡献"的方式参与全球应对气候变化行动，缔约方主动向绿色可持续的增长方式转型，避免自工业革命以来形成的严重依赖石化产品的增长模式继续对自然生态系统构成威胁；而根据《巴黎协定》的内在逻辑，在资本市场上，全球投资偏好将进一步向绿色能源、低碳经济、环境治理等领域倾斜。

各国政府对于《巴黎协定》的落实大都持积极态度。中国政府发布的应对气候变化的政策与行动的报告中就明确提出要秉持创新、协调、绿色、开放、共享的新发展理念，加快构建新发展格局；认为绿色发展是永续发展的必要条件和人民对美好生活追求的重要体现，也是应对气候变化问题的重要遵循；提出绿水青山就是金山银山，保护生态环境就是保护生产力，改善生态环境就是发展生产力的理念；并承诺以经济社会发展全面绿色转型为引领，以能源绿色低碳发展为关键，加快形成节约资源和保护环境的产业结构、生产方式、生活方式、空间格局，坚定不移走生态优先、绿色低碳的高质量发展道路。

《巴黎协定》的通过与各国政府和社会的积极响应表明，知识经济的发展已经到了一个完全不同的阶段，这就是要转向新的有着明确而可测度的绿色可持续发展的经济。人类社会生态文明的发展，由此拉开了序幕！尽管落实这一协定会遇到多重挑战，战争和疫情完全有可能会在某种程度上搁置这一关注人类命运的重大议题，但是，经济发展的总趋势、人与自然和谐发展的理念与天人合一的文化，将日益成为人类文明的主流。

与《巴黎协定》相呼应的，是人类对于生物多样性的高度关注。为了保护全球的生物多样性，1992 年 6 月 5 日在巴西里约热内卢召开的联合国环境与发展大会上，150 多个国家签署了《生物多样性公约》。该公约的基本目标是：保护生物多样性；保护生物多样性组成成分的可持续利用；以公平合理的方式共享遗传资源的商业利益和其他形式的利用。这一公约的通过表明，保护生物多样性是人类的共同利益和发展进程中不可缺少的理念，已经开始成为全球的共识，具有开创性的历史意义。该公约涵盖了所有的生态系统与物种和遗传资源，并把传统的保护工作和可持续利用生物资源的经济目标联系起来，同时建立起了公平合理地共享遗传资源利益的原则。

需要特别注意的是，在相当长的时期内，生物多样性的保护工作多集中在保护某些特殊的物种和栖息地，而《生物多样性公约》则建立了一个崭新的理念，即生物多样性的可持续利用！这一理念认为，生态系统、物种和基因必须使人类获益，但这应该以不会导致生物多样性长期下降的利用方式和利用速度来获得。该公约既确认保护生物多样性需要实质性投资，同时又强调，保护生物多样性应该带给我们环境、经济和社会方面的显著回报。该公约要求的具体行动包括签约国应为本国境内的植物和野生动物编目造册，制订保护濒危动植物的计划；建立金融机构以帮助发展中国家实施清点和保护动植物的计划；使用另一个国家自然资源的国家要与那个国家分享研究成果、利润和技术等。这样，就把保护行动与经济及社会回报紧密地联系起来，从而创新了生物多样性保护的方向。

2021年10月，联合国《生物多样性公约》第十五次缔约方大会在中国昆明召开并通过了《昆明宣言》，要求进一步加强与《联合国气候变化框架公约》等现有多边环境协定的合作与协调行动，以推动陆地、淡水和海洋生物多样性的保护和恢复；同时承诺，确保制定、通过和实施一个有效的"2020年后全球生物多样性框架"，确保最迟在2030年使生物多样性走上恢复之路，进而全面实现"人与自然和谐共生"的2050年愿景。

联合国系统的行动表明，发展理念正面临着深刻的更新，知识经济正在系统地为社会价值所左右，一个新的生态文明的时代已经到来，新能源革命开始呈现出不可阻挡的趋势。

社会经济的知识化潮流

如果从另一个角度看，具有高社会价值含量的社会经济也开始了知识化、市场化的进程。这一趋势，同样开启了更为广阔而深刻的经济发展新阶段。

在人类历史上，社会价值覆盖较为全面的领域往往与社会伦理和国家福利直接相关。比如，养老服务，更多地以家庭功能的强化和"孝"的理念与行为来安排与处理，这里运用的知识主要是道德伦理知识而不是知识经济类的知识，并且往往不能转化为经济与商业的行为。而许多社会问题，包括整体性的医疗、养老与儿童养育体系等，更多的是通过国家制定的社会福利政策和社会保险制度来保障，是作为"市场失灵"的补充措施来进行政策调整，而不可能将其与市场的收益融合起来。

但是，随着经济与社会的发展，多项社会价值占主导地位的社会经济领域开始知识经济化。也就是说，社会经济日益专业化、科技化、市场化，使得社会福利包括慈善事业均开始具有不同程度的知识经济功能。

第一个显著的特点是社会福利、社会事业与社会服务专业化。在福利国家的体制中，重点在于由国家征税发放各类福利，社会事业与社会服务往往就是通过社会保险来保障全体居民的基本生活。比如，对于贫困人口实施社会救济，包括灾民救济、贫困人口的各类救济；对特困人口实施保吃、保穿、保住、保医、保葬，统称为"五保"；对孤残儿童则实施福利院的供养等。这样的体制重点是保障全体居民基本生活，体现为资金与食品的保障，并不需要特别的专业知识。

但是，随着经济发展水平的提高，在世界范围内，老龄化、少子化的趋向日益显著。过去完全由个人与家庭负责的事务日益社会化，社会服务逐渐成为专业，许多服务环节逐步知识化、技能化并形成了日臻严密的知识体系。

仅以养老服务为例，在德国与日本，由于建立起养老护理保险制度，护理人员日益增加，两国就各有上百万养老护理人员，而培养这些护理人员的学制达三年之久的专门学校就有上百所。在中国几千年的历史中，养老与敬老紧密联系，"百善孝为先"的理念根深蒂固，养老服务基本上是由家庭成员特别是子女的精心照料来承担。人们往往认为，养老服务主要是靠伦理和态度，服务认真就行，不需要专业和知识。现实的发展则表明，养老服务的确是一门深奥而系统的知识技能。以三年为期的专业学习，既要掌握多方面的理论和技能知识，还要进行实践训练。在这方面，与知识经济的其他领域并没有太大的差别，社会价值的提升也需要转化为专业的知识。

第二个明显的特点是社会服务的科技化趋势。同样以养老服务为例，伴随着老龄化的深度发展，仅仅依靠人工的护理和照料满足不了相当广泛的社会需求。于是，老年产业开始成为相当发达的一大产业构成，而老年人所使用的许多康复辅具都已经成为产业的重要组成部分。从电动而可控制的轮椅、代步车到卧室的床和洗浴用品、如厕用具，几乎在老年人生活的每个领域，都有了科技的发明并且在不断地更新换代。

科技力量介入的养老生活甚至开启了广泛运用机器人的时代。家庭的许多服务，包括打扫卫生、洗衣做饭等，甚至于聊天服务，均开始了智能化的进程。

随着长寿时代的来临，老龄化又促成了大健康产业的日益发达。这样，本来是人类面临的一个较大的社会挑战，却促成了科学技术的进一步发明和新兴产业的出现。人们甚至把老龄事业作为"朝阳产业"来处理，有的国家已经将老龄产业的发展纳入了经济发展战略的重要组成部分。社会经济全面展示出支柱产业的经济属性而淡化了社会属性。这在过去的年代完全是不可思议的。

更有意思的是，社会经济的发展甚至改变了社会价值本身。在中国相当长的历史时期中，人们将"贪图享乐"作为不思进取的表现，只有勤奋工作，努力学习的人才会被人称道。但是，随着生产力水平的高度发展，人们的业余时间日益增多，国家开始运用行政杠杆来鼓励人们消费。国家通过修建大量的公园、娱乐设施，发展旅游事业，包括延长假期，高速公路免费通行，缩短工作时间等措施，尽量鼓励大家"吃喝玩乐"。旅游产业的产值在一些地方已经占据整个产业产值的 20% 以上并成为支柱产业。这完全颠覆了人们的传统价值观。

在所有制结构方面，社会经济也开始出现深刻的变化。在福利国家的体制中，即使在许多发达国家，老年人、儿童和残疾人的社会服务机构最初主要是由政府或慈善机构来组建，营利性的企业并不参与这类经济活动。但是，随着社会经济的转型，社会服务也开始鼓励民营化。即使在欧洲福利较好的国家，公办民营、民办公助等形式的社会服务机构也大量出现，促成了社会经济市场化程度的不断加深。在上市公司中，也出现了养老企业的案例，养老机构也开始了股份化改造的进程。

知识经济与社会经济融合性创新

知识经济与社会经济的深度融合，已经在各个领域和多个方面日益展现，并且不断地推进多种形式的创新。

同样以养老服务业为例。在中国，一些地方开始探索"互联网＋"社区居家养老服务的新模式。在有的试点中，以智慧养老信息平台和智能科技为支撑，通过物联网、互联网、智能呼叫、云技术、移动技术、GPS 定位技术等信息技术，在社区的层面上，以建设信息化、智能化呼叫服务及支援中心为依托，以建立老年人信息数据库为基础，促成信息技术与服务需求的对接，以提供紧急救助、医疗服务、康复理疗、安康监护、护理照料、助餐服务、助洁服务、代办业务、咨询服务、精神慰藉等各类服务内容，探索运用技术来打通各类服务主体，以建立起较为完善的居家养老服务体系，从而满足老年人的各类具体需求，为老年人提供全方位、个性化的服务。尽管这种养老服务模式还在探索之中，也有不少需要进一步完善的环节，但其发展的方向很有意义。

需要特别注意的是，在养老服务业的案例中，科学技术公司、政府机构与社会需要开始融合，成为一体。科学技术、公司组织、政府管理、社会服务组织包括志愿服务与老年人需求产生了有效性对接，这究竟属于什么性质的实体？确实还不好通过传统的概念来下定义。这里既有治理的内容，也有经济效益与科技服务的内容，知识经济与社会经济深度融合，实际上是一种混合型的经济与社会实体。

企业的发明创造也在直接运用于政府工作并服务于行政管理。最为典型的案例之一就是 2020 年在应对新冠肺炎疫情时期中国各级政府防疫部门所广泛使用的"健康码""行程码"等。为了疫情的防控，企业所发明的科技产品开始运用于防疫活动中，人们是否去过疫区，或者是否接种过疫苗，都可以从手机的监测中得到明确的标识。如果人们手机上的"绿码"变黄或变红，就需要警惕并及时开展防疫行动。科技产品成为社会行之有效的防疫工具，这在过去是很难想象的。互联网技术与公共管理的高度融合，产生了更为广泛的影响力。尽管不同文化的国度还有不同的认识，在更多强调个人隐私的文化环境中甚至对公众场所是否戴口罩也存在疑问，但戴口罩确实能够满足公众防疫的一定需要。

创新意味着需要规范，也意味着知识经济与社会经济的双向互动。知识经济要不要提高其社会价值的含量？包括义务教育阶段的学生完成作业的方式要不要制定一定的规范？对各类校外培训机构的培训行为要不要实施一定的管理？在较长的时期中，人们通常认为这属于家庭事务和社会事务，都是依赖市场来自行调节，不需要政府介入。但在中国的社会环境中，确实出现了一些社会问题，产生了经济与社会的扭曲行为，在学区之内的房价飞涨，学生的作业负担日益加重，产生了一些社会矛盾。于是，政府开始了对于这类以校外培训为主体的知识经济公司的严格规范。最突出的现实案例是中国所实行的"双减"政策。"双减"，是中国政府在教育领域所实施的一项重大政策，要求进一步减轻义务教育阶段学生作业负担和校外培训负担。"双减"行动产生了广泛的经济与社会影响，对市场行为、家庭行为、学校行为、社会行为、政府行为等都进行了重新定位，以校外培训为主业的知识经济在以社会价值为主导的教育领域得到了新的规范。

在知识经济与社会经济的双向互动中，理论界开始从更为深层的角度来思考其运动的形态。堺屋太一特别指出，人们的审美观和伦理观念加在一起就是价值观，在工业社会中，人们的审美观是"消费更多的物质财富体面"，伦理观是"能使人们增加这种体面程度的事情是正确的"；如果工业社会的首要特点是资本与劳动相分离，那么，"知识价值社会"则朝着相反方向发展，在"知识价值"的生产过程中，重要的不是物质性的设施和备品，而是从事"知识价值"创造工作的人们的知识、经验和感觉，这才是产生"知识价值"的真正的生产手段；而它又与人即劳动力不可分割地结合在一起，于是，人类社会将向资本与劳动两者一体化的方向发展。[1] 基于此，他把未来社会称为与工业

---

[1] ［日］堺屋太一：《知识价值革命》，黄晓勇等译，生活·读书·新知三联书店1987年版，第115、197页。

社会有着本质不同的"新社会"。

知识经济与社会经济的融合趋势还在不断发展的过程之中。

经济与社会的多重跨界：厕所革命与垃圾分类

在知识经济与社会经济交互作用的进程中，厕所革命与垃圾分类显得特别突出，人们对其的理解和社会互动行为也处在不断调整的过程之中。正是在这两个领域，经济与社会，企业、政府与社会组织、社区组织等多重要素之间的交互行动日益密切，社会价值与经济价值开始了多重融合。

在以解决温饱问题为主要矛盾的经济发展阶段，厕所与垃圾问题还没有受到社会的关注。而在经济达到中等发达水平尤其是人均 GDP 超过 1 万美元以后，人们日益感受到，要提高生活质量，不仅仅是衣食住行的条件需要持续改善，厕所建设和垃圾分类问题也是绕不过去的两个大坎。

为什么一定要推进厕所革命？关键是随着经济的日益发达，人们的生活质量不断提升，厕所建设必然提上日程。

中国古代，在《墨子·备城门》中就有"五十步一厕，与下同圂"的关于厕所建设的论述。而在秦汉时，就已经将厕所划分为蹲、坐两式，区分男女，并设有隔断。汉代特别重视厕所的隐秘性和使用的方便性并增添了通风设计。唐朝甚至专设"司厕"的官员。进入宋朝，汴梁等大都市的公厕已具行业性质，有专人管理。清嘉庆年间出现了收费公厕。在西方，厕所建设也有较长的历史。但是，作为大众尤其是乡村居民使用的厕所纳入公共政策的讨论范围，还是近现代的事情。

中国人的生产方式与生活方式都与自然密切相关。立足于农耕的中华文明，更多地追求与自然的和谐，衣食住行都要依赖自然，包括房屋建筑，都可以用榫卯结构来固定而不用铁器来加固；甚至遗体的安葬，都要强调入土为安，最终化为土壤。厕所更是把人的粪尿转化为特别好的有机肥料的地方。在古代中国，城市的厕所往往成为乡村肥料的重要来源地。甚至在 1949 年以后，处理厕所的人员还被职业化为"掏粪工人"。

但是，随着城镇化的加剧，厕所与相应的污水管理连接，乡村开始以化肥为主要肥料，厕所建设就相当紧迫了。在广袤的农村是否也要搬用城市的模式来建设厕所？如何让厕所更为舒适？在中小学、大学、幼儿园或者其他公共场所，厕所里面要不要放置厕纸？诸如此类，都是厕所革命不得不面对的大问题。

千万不要小看了在城市中小学厕所内不放厕纸的危害！调查发现，城镇人口中大部分家庭室内卫生间条件较好，中小学生如果感到学校厕所条件太差，没有厕纸，就会选择少上或不上厕所的办法来规避在学校使用厕所，为此就要坚持少喝水甚至不喝水，努力等到回家再上卫生间，这对儿童身体的成长产生严重危害。而许多家长关心儿女，强迫让学生携带开水或饮料，孩子们被迫无奈，只好在放学时倒掉开水或饮料，然后报告家长自己已经饮用，这种无奈的谎言对儿童的道德品行也是一种损害。

厕所建设的社会价值极其深远！仅厕所的定期更新换代在中国就产生了几万亿元的GDP，同时还促进了各类科学技术的发展，包括无水马桶的发明、应用等。同时，厕所维护也需要良好的社会习俗，还需要公益慈善组织的倡导。应该说，厕所革命是典型的知识经济与社会经济混合型的善经济体现！

垃圾分类也是一样。过去，垃圾处理只是环卫工人的职责。但是，随着城镇化浪潮所产生的海量垃圾，如何处理垃圾，既关系到社会经济，也直接关系到有关的垃圾处理产业，还与社会组织尤其是志愿服务紧密联系，实际上成了高质量发展的一个重大课题。

垃圾分类的重点当然是实施生活垃圾分类。从理论上讲，就是要在生活垃圾科学合理分类的基础上，对应开展生活垃圾分类配套体系建设，根据分类品种建立与垃圾分类相配套的收运体系、建立与再生资源利用相协调的回收体系。但问题的关键是垃圾分类牵涉每个家庭，关系到每个人的生活习惯，也关系到垃圾分类的技术与设施的适宜性，这是一场相当不容易的社会革命。

根据有关报道，2019年1月，上海市人大通过了《上海市生活垃圾管理条例》，确定了该市生活垃圾将按照"可回收物""有害垃圾""湿垃圾""干垃圾"的标准分类，并且规定：个人不按规定投放垃圾，拒不改正的，处50

元以上 200 元以下罚款；单位混装混运的，处 5000 元以上 50000 元以下罚款。为了贯彻这一规定，有的地方已经建立志愿者轮流值班制度，指导市民投放垃圾。

从实践看，垃圾分类的特别困难之处在于，普通人家里厨房不大，放一个垃圾桶可以，但不可能安放更多的分类装置。如何在家中设置垃圾分类的装置呢？这就需要发明并推广一些特定设施，如分层的垃圾架或其他设施，也需要逐步改进楼房下水道的设计标准，当然也可以学习与借鉴以日本为代表的城市社区垃圾处置办法等。

从现实情况看，中国饭菜的烹饪每天都要产生的垃圾往往是湿垃圾与干垃圾两种。湿垃圾的味道大，必须每天倒掉，如果盛垃圾的袋子太大或者垃圾桶太大，只有一点的垃圾放进去，一天要用一个大袋子，显然也是一种浪费。还有，拿着装垃圾的塑料袋去倒垃圾时，需要把湿垃圾倒进垃圾桶，再将空的垃圾袋放到另一个垃圾桶，也是不太方便的事情。

垃圾分类的这些矛盾，几乎每天都在各家的生活中发生，确实需要科学技术的发明与推广、社区治理的改进、志愿服务的引入、公共倡导的加强等。这不亚于一场巨大而深刻的社会变革，系统地改进已经深入到了每个家庭的厨房与生活习惯之中。这就需要改进基层社区的工作方法与社区组织的工作内容，当然也需要纳入社区治理体系的改革之中。

在善经济时代，类似的生活事项的改进已经成为常态。社会价值、经济价值、公共伦理和生活习惯等，全面融合在了一起。

知识生产方式转型与善经济发展趋势

在经济发展水平还较为低下的年代，人们不可能将厕所革命与垃圾分类作为一项公共政策来实施。但到了人均 GDP 1 万美元以后，人们的理念就发生了根本性变化，一个城市甚至乡村的厕所建设水平成了文明的一个标志性指标。这种现象表明，知识的内容已经产生了重大转型！

在知识经济的条件下，首先是知识的功能日益广泛经济化，产生出较高的经济价值,其次是科学技术,再就是文化艺术与旅游业,甚至大健康的知识,都开始产生较大的经济价值,产生出"科学技术是第一生产力""大健康产业""养老产业""教育产业""文化产业"等概念与相应的产业。而随着信息技术的发展,传播本身也变得日益经济价值化了,平台与流量完全可以成为重要的商业指标!甚至社会知识也在更新,社会服务、社会工作也出现了产业化趋势!这是一个巨大的经济潮流。

面对知识经济的潮流,也许人们会发出感慨:社会价值不再存在,一切都要通过金钱来衡量!确实,甚至人们在讨论旷世的艺术品、国家的珍宝时,也都要用价值连城或者一定数量的货币来判定。

但是,人们无须担心的是,人的物质消费确实有边界,在一定的界限之外,金钱的作用也十分有限。最为典型的就是金钱与健康的关系,因为在现代科技条件下,无论用多少金钱,都不可能无限地延长健康的生命!而当人类的整体生活水平提高到不再担心温饱,整个社会的价值观是追求健康与高品位的生活的时候,以精神生活为主导的社会价值就开始改变知识经济的逻辑,人们开始思考美好生活的定义,并探索美好生活的创造。于是,知识结构、知识的价值、尤其是知识的生产方式就会发生根本性的变化。审美观与伦理观念确实对经济和社会发展会产生决定性的影响。

从一般知识形态而言,知识生产方式转型首先表现为,死记硬背的知识学习方式与斗争型的知识日益不太适合生活的需要,人们更多地需要活知识、建设型的知识。

在商业领域,你死我活式的恶性竞争正在转化为大家共赢、你活我也活大家都要活的更好的良性竞争。相应的经济理论就需要进行根本性调整。自由竞争的赛道特别需要建立起新的社会责任底线与道德规范。无论是各个企业和群体之间,还是国与国之间,如果缺乏更为广阔的天下观,只想制造麻烦,不管理由有多少,都会遭到多数人的反对。意识形态正在朝向宽容、包容、多样性、共生共荣的格局发展!只是被动地吸纳知识,而缺乏对现实生活的生动诠释,不能对经济和社会发展产生积极的指导效能,就不会为大众所接受。

世界在更为广阔的领域开始接受一个逻辑:实践是检验真理的唯一标

准！而如何生产建设型的知识，如何将死知识变为具有创造力的活知识，确实在考验着人类的智慧！

即使在教育领域，教育的形态也在发生着根本性变化，人们学习知识的方式与周期正在深刻转型。那种背诵考试题即死记硬背标准答案的方法正在受到考验。记忆与欣赏和陶冶情操开始深度结合。通过反复训练大量的作业题以达到基本知识的传授和掌握方式在中国的"双减"政策之下已经开始得到有力遏制。

更有意思的是，由于新事物不断出现，仅信息技术一项，就需要人们不断学习和适应，人类正在被迫接受终生学习的理念，教育制度也开始接受老年人攻读学位的申请。这样一个具有活力的学习型社会，更能够展示出人类生命力的多姿多彩。

在高质量发展阶段，人们更为持续不断地追求美好生活，而开发生产与生活之美已经使人们更为广泛地推动美学的运用，使人们的审美观同样也在发生更为深刻的变化，自然之美、传统之美、精神之美、艺术之美，都在迅速地得到开发。

在世界范围内，大地艺术正在蓬勃发展，方兴未艾。按照经典的定义，大地艺术本来是指艺术家以大自然作为创造媒介，把艺术与大自然有机地结合所创造出的一种富有艺术整体性情景的视觉化艺术形式，艺术家们在沙漠上挖坑造型，或移山填海、垒筑堤岸，或泼溅颜料遍染荒山，甚至被人们称为土方工程、地景艺术。但是，随着乡村振兴的发展，许多地方把艺术引入古老村庄的复兴进程，尤其是日本兴起多种形式的大地艺术节，将艺术品直接与大地建筑物结合起来。

在中国，现代艺术作品也开始迅猛地进入乡村和大地。中华文明的复兴，也许更能展示出大地艺术的新篇章。世界范围的大地艺术运动也许又要别开生面。

人类求得知识的丰富生动的过程，在现代科学技术的条件下，已经与经济和社会伦理即社会价值紧密结合起来，并且日益广泛地运用于生活之中。手机，渐渐地成为人们现代生活离不开的必需品。知识、科学与技术、大数据、智能化，已经成为善经济的新形态。

善经济的趋势，与高质量的发展需求深度契合，历史的确正在蕴藏着别开生面的机遇。

善经济需要新的善知识体系

知识经济与社会经济的深度融合，需要知识生产方式的系统转型，也促使人们对于善经济的知识需要有更为深入的理解，在这种形势下，新的善知识体系应运而生。

善知识的概念，最早见于佛教经典。《法华文句·四》中就明确写道："闻名为知，见形为识，是人益我菩提之道，名善知识。"而在《涅槃经·二十五》中则写道："能教众生，远离十恶，修行十善，谓之善知识。"在《坛经》中，善知识的概念更是广泛使用，从而在佛教界广为传播。在善经济时代，特别需要将善知识的概念转化为大众意义上的知识体系，尤其是支持善经济发展的知识体系，才能够使得善经济的发展拥有更多更为系统的知识。

善知识体系的根本，是要从经济价值中发现其内在的社会价值，使社会价值与经济价值紧密地联系起来并促成在提升社会价值的进程中达到经济价值的最优。也可以说，善知识是发现社会价值、提升社会价值、创造与弘扬社会价值的知识体系。这一知识体系有三个重要的特点：

第一个特点是实践性。善知识更多地强调知行合一，勇于实践。毛泽东的《实践论》对于实践的意义进行了相当系统的阐述，这是中国革命成功的哲学。而在改革开放的进程中，中国进一步强调"摸着石头过河"，大胆地试，大胆地闯，从而创造出了经济建设的奇迹。善经济的发展，也需要善于突破各类束缚，依据各国尤其是各地各行业的实际，开发经济的社会价值并促成经济价值的提升，才会促成经济的全面向善。

第二个特点是专业性、理论性。亚里士多德在《形而上学》一书开篇即简述求知是人类本性的道理。他认为，人类由经验得到科学与技术，但经验只知道特殊，而技术才知道普遍；他特别说明与经验相比，技术才是真知识；技师能教人，只凭经验的人则不能；技师之所以更加智慧，并不在于实际做事情，而在于懂得道理，知道原因；智慧就是有关某些原理与原因的知识。[①] 这种理念，相当广泛地长期影响了人们的知识观。人类各个行业丰富的经验，一定要成为系统的知识与技术，并且不断地加工完善，才能够促成各个行业的蓬勃发展。经验的提升，就是要知道普遍性，形成较为严密的专业系统，这样才会不断地升华。

第三个特点是创新性。实现巨大的社会创新，发展善经济，真正求得善知识，其实是心与物紧密互动的过程。墨子为此专门造了一个字，上为知，下为心，以定义理性认识，即人们运用已知道的事物展开对事物的分析，从而对事物达到更深层次的认识。关于知识学，《墨子·经上》和《经说上》中还有更为系统的定义，他认为获得知识的途径有三：闻、说、亲；获得知识的方法有四：名、实、合、为；由别人传授和传闻得来的知识，叫作闻；不显明的东西被推究出来，叫作说；由亲身体验得到的知识，叫作亲；用来称谓事物的，叫作名；名实协调一致，叫作合；通过判断，知其志行，叫作为。这里对于知识生产过程的生动描述所展示的各个步骤，尤其是知识的创新过程，对于善知识的创造具有重要的现实意义。

善知识的创新，更多地强调认识论与伦理学的结合。明代王阳明的心学，强调"心即理"和"天理之在人心"的理念，其实是对认识论的重大发展。在西方哲学史上，康德关于人为自然立法的理念，阐发了认识论的真谛，极大地解放了人们的思想，从而在一定意义上，在更高的知识论环节促成了工业革命的发展。人们往往运用本体论的理念将王阳明、康德说成是主观唯心主义。其实，他们这里说的重点，并不是本体论意义上的先与后。正如老子的《道德经》所说："道可道，非常道；名可名，非常名。无，名天地之始；有，名万物之母。"这里的无与有，都不是一般意义上的概念，因为这里讨论的是认识论，是认识的起源与方法。哲学上的无、佛学讲的空，西方哲学讲的虚无，都不是一般意义上的零。

---

① ［古希腊］亚里士多德：《形而上学》，吴寿彭译，商务印书馆1959年版，第3页。

　　善知识所关注的社会价值，更多的是伦理学意义上的多个理念，尤其是人类对于善的认识的不断发展。时代之善、精神之善、生活之善、健康与快乐之善等，都要转化为经济的发展过程，如何设计并驾驭这一转化进程，是经济生活进入高质量发展阶段的重大挑战。

善经济的结构： 第六章
多元体制深度融合的共同体

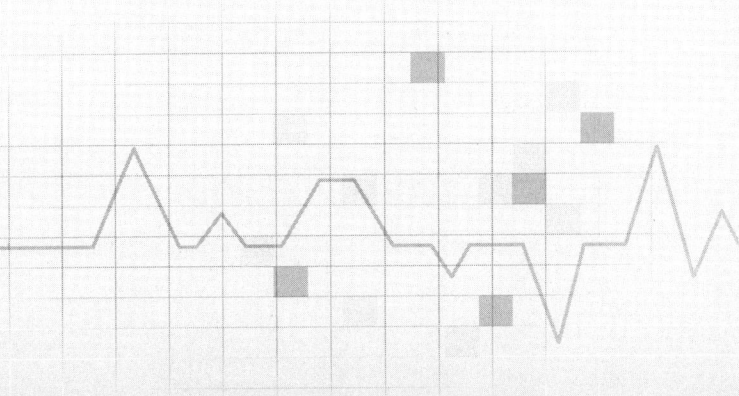

善经济的社会结构如何？一般的理念认为，整个社会是由三种类型的组织构成的，即政府、企业、社会组织，这三类组织互联互动，形成机制。但是，善经济的社会结构客观上正在发生巨大的结构性变化而展现出新的趋势。在善经济的运行机制中，参与经济运行的所有制和实体形态远远多于三个单元，实际上是更多社会单元的网络性连接与互动，是社会治理体制与经济体制相融合，成就的一种新的社会格局。

这种经济结构，可能就是德国学者斐迪南·滕尼斯一百多年前所定义的"共同体"。各国对于新冠肺炎疫情的应对，包括封控、戴口罩、隔离防范等措施，都是经济与社会领域在社区层面的密切互动，也许就是带有共同体特征的新社会结构的预兆。

人类命运共同体与地球共同体的理念

善经济社会结构，客观上将会是一种共同体的结构。也就是说，各类共同体将日益成为社会的重要形态。

共同体的理念，人们并不陌生。欧盟的前身就是欧洲共同体。这样的共同体，当然是超国家级的概念并带有实体性的组织。

进入 21 世纪，在世界范围内国家领导人对于构建共同体的倡导，当属中国国家主席习近平所提出的构建人类命运共同体的理念，这一共同体包括卫生健康共同体、安全共同体、发展共同体、人文共同体等多项内容。在国际社会中，构建人类命运共同体的理念，日益为更多的群体所接受。

而在学术领域，早在一百多年前，德国学者斐迪南·滕尼斯就撰写了《共同体与社会》一书，明确提出了"共同体"的概念，并详细定义了血缘共同体、地缘共同体、精神共同体的发展逻辑。他在该书中的一些论述在现实中仍然很有意义：

他认为，共同体与社会是有区别的，"人们结成的共同体要比社会强大得多，也更富有生命力。共同体是持久的、真实的共同生活，社会却只是一种短暂的、表面的共同生活。与此对应，共同体本身应当被理解成一个有生命的有机体，社会则应当被视作一个机械的集合体和人为的制品。"[1]

同时，他还认为，人们需要重新认识个人主义，"在历史和文化里根本就不存在着个人主义，除非它派生于共同体并保持自己受制于共同体，或者它产生并支撑着社会。这种个体的人与整个人类之间的对立关系才是纯粹的问题。"[2] 这种个人主义观，在西方学术界是相当独特的。

美国学者托马斯·贝里作为著名的文明历史学家，更明确地提出了生态文明的概念，他特别提出了人类发展非线性的四个阶段的理念，即部落萨满时

---

① ［德］斐迪南·滕尼斯：《共同体与社会》，张巍卓译，商务印书馆 2020 年版，第 71 页。

② 同上书，第 17 页。

期、宗教文化时期、科学技术时期、生态文明时期，而每个时期都被某种心智模式占主导地位。他认为，21 世纪的人们应该考虑四种可以引导人类进入未来的智慧，即土著民族智慧、女性智慧、古典传统智慧和科学智慧。他在《伟大的事业——人类未来之路》一书中特别提出了"地球共同体"的理念。他认为，现实只有一个完整的地球共同体，其包括人类和非人类的全部组成成员；在地球共同体中，每一种存在都有其自己要实现的角色，有自己的尊严，有内在的自发性；每一种存在都进入到与其他存在的交往之中展示出关联能力，因而人类和其他非人类物种在地球上是一种平等的关系。从这一理念出发，他倡导人类应该采取行动以推动伟大的事业，修复人与其他存在形式之间的断裂，赠予其他存在以人类一样的权力。"贝里认为在当下的野蛮状态中，人与自然的关系被至高无上的人类中心主义世界观所统领。与此形成鲜明对照的是，在贝里看来，生态纪到来的关键特征是范式的转变，具体是指人类处理与自然之间关系以及认知地球共同体的观念转变。"① 贝里特别告诫世人："人类当下的伟大事业就是去着手进行从人类破坏地球的阶段向人类与地球互惠共存的阶段的转换。"②

澳大利亚学者彼得·D. 伯登在《地球法理：私有产权与环境》一书中则进一步阐述了从人类中心主义向生态中心主义过渡的私有产权与环境的法律问题。他进一步提出，当前的私有产权概念是人类中心主义范式的，而且对环境产生了有害影响，"与人类中心主义相反，生态中心主义范式认为，人类与各种生命体和非生命体构成的复合共同体之间是一种相互联系和依存共生的关系。"③ 因此，需要提出并构建地球法理学这一法律哲学观，以有助于建构一种替代性的私有产权概念。

这些理论，从不同的方面预示了善经济结构的独特性。也就是说，经济向善，绝不仅仅是捐赠与承担起社会责任，从根本上说，许多传统的理念都需要进一步调整和转型。社会与共同体，不同形式的所有制，人与自然的关系等概念，实际上都需要进行重新定位。

---

① ［澳］彼得·D. 伯登：《地球法理：私有产权与环境》，郭武译，商务印书馆 2021 年版，第 122 页。

② 同上书，第 223 页。

③ 同上书，第 82 页。

社会形态巨变：信息社会与老龄社会双重叠加的冲击

其实，在经济与科学技术日益高度发达而传统社会需求不足的矛盾作用下，实践正在开辟着人类经济与社会发展的广阔道路，一个新的社会正在悄然走来。这是信息社会与老龄社会的双重叠加对于既成的社会结构及其功能产生了根本性的冲击！

信息社会的发展使得一切都在发生根本性变化。万事万物都在深度地信息化，而其基本途径就是数字化，于是万物互联得以进行。传统的社会管理结构不得不发生根本性变化。

要知道一个人的行踪，这在过去是相当困难的，因为没有什么工具能够留下记录。但在信息时代，只要这个人使用手机，通过移动信息记录就能清楚地知道其行动轨迹。

就连政府税款的征收，在过去也是相当复杂的社会工程。这主要是因为对纳税人收入的计算相当困难，因而往往需要专业的律师来做顾问，才能够说得清楚。而在信息社会，这样的工作已经十分简单化了。因为人们的收入都有记录，这样很容易就汇集起来，进入税政机关的信息库内，每笔收入清清楚楚，应纳税的额度也相当明白。

也许有人会问，这样一来，人们还有隐私吗？其实，从信息革命一开始，人们的许多信息就已经被相应的设备留下了记录，包括乘飞机出行，通过银行的支付活动等。不过，过去只是在必要时才会调集使用这些信息，不透明、不公开而不为大众所知罢了。而到了信息时代，当人们运用这些信息进行商业活动、日常交往、社会服务与公共管理时，社会大众才开始意识到信息的价值与规范信息使用的必要性。

信息技术的进一步发展，是更为深度的智能化，机器人开始被广泛地应用。人们追求生活更为方便，万物互联互通就日益加深。于是，出现了移动通信延续着每十年一代的技术发展规律，从 1G 开始到 2G、3G、4G、5G 的发展，每一次代际跃迁，都产生巨大的技术进步，并促成产业升级和经济与社会的发展，甚至促成人们生活方式和工作方式的改变。

从 1G 到 2G，实现从模拟通信到数字通信的过渡，移动通信广泛普及，传统的固定电话被移动电话替代。也许，对于新一代而言，固定电话不久就要作为古董而在字典中进行定义和解释。而随着 2G 到 3G、4G 的发展，开始实现语音业务到数据业务的转变，传输速率成百倍提升，促成了移动互联网应用于社会生活的方方面面，繁荣的互联网经济日益发达，人们的沟通、交流乃至整个生活方式甚至行为方式则被深刻改变。人类开始成为"低头族"，过马路时还要被提醒为了安全而"不要看手机！"在公共交通工具上，不管是地铁还是公交车，"不要大声喧哗"已经用不着提醒了，因为几乎每个乘客都在低头看手机！

继 4G 之后，5G 又开始产生。因为人们还希望进一步提供增强现实、虚拟现实、超高清（3D）视频等更加身临其境的极致业务体验，还要解决人与物、物与物通信问题，满足移动医疗、车联网、智能家居、工业控制、环境监测等物联网应用需求等。这样一来，以 5G 为代表的新一代信息通信技术开始与工业经济深度融合，涵盖研发设计、生产制造、运营管理及产品服务各个环节，为工业乃至产业数字化、网络化、智能化发展提供了新的实现途径。

5G 技术更促成车联网与自动驾驶技术的实现，汽车、交通应用服务正在系统地实现智能化升级。例如，在北京的公交车站，通过信息屏幕就可以很清楚地看到下一班公交车几分钟内到达，地铁也是一样。

在能源、教育、医疗、文旅、智慧城市建设、信息消费、金融、家政服务、公共管理等多个领域，都在开始一场更为广阔的信息技术革命。5G 正在迅速地渗透到经济社会的各行业各领域，成为支撑经济社会数字化、网络化、智能化发展的新型关键基础设施。

人们已经发现，如果离开信息技术，尤其是离开手机，生活将会十分困难。在中国，包括现金与银行卡在内的支付工具，都正在被更为方便的微信和支付宝等支付工具所代替。

如何适应这样的发展节奏？传统的社会结构包括公共管理体制都显得不那么适应，各类公共设施都在面临新的挑战。

伴随着信息社会的来临，老龄社会更是匆匆而来！中国泰康保险集团董事长陈东升更为强调地将老龄社会归纳为一个十分明白的理念：人类正在进入长寿时代！

在相当长的历史时期中，中国有句谚语："人活七十古来稀"，因而将 70 岁称为"古稀之年"。但是，随着经济与社会的发展，在中国，1949 年人均预期寿命只有 35 岁，1981 年为 68 岁，从 2015 年的 76.34 岁提高到 2019 年的 77.3 岁。联合国人口司发布的《世界人口展望 2019》则从全球的角度显示，2019 年世界人口平均预期寿命达到 72.6 岁，比 1990 年提升 8.4 岁，预计 2050 年全球平均预期寿命为 77.1 岁。

长寿时代，意味着长寿人口占人口的比例大幅度增长。2020 年，中国 60 岁以上的人口达到 2.6 亿，绝对数量开始大大超过 0—14 岁的人口。这样的社会人口结构，将会需要什么样的管理体制呢？

在日本，老龄化的趋势更为明显。据日本总务省 2021 年 9 月 19 日公布的数据，截至当年 9 月，该国 65 岁及以上老年人口已经达到 3640 万，占总人口的近 30%；每 4 名 65 岁及以上老年人中，就有一人在工作；日本老年人占总人口的 29.1%，就业老年人连续第 17 年增长，达到 906 万人，占就业人口的 13.6%，两项占比均创历史纪录；老年人中，男性 1583 万人，女性 2057 万人；还在工作的老年人中，男性 539 万人，女性 367 万人；从年龄层看，80 岁及以上人口为 1206 万人，其中百岁及以上的老寿星多达 8 万人。日本国立社会保障和人口问题研究所预计，65 岁及以上老年人占总人口的比例将在 2025 年达到 30%，在 2040 年达到 35.3%；按照联合国公布的数字，日本老年人在人口中的占比超过第二名意大利（23.6%）和第三名葡萄牙（23.1%）逾 5 个百分点。[①]

长寿时代，社会政策发生根本变化，人们的理念也开始发生巨大转变。过去，中国实行计划生育政策，鼓励只生一胎。但是，为了应对老龄化，中国的人口政策迅速转变，2015 年，中国开始鼓励二胎生育，而到了 2021 年，又放开三胎。在四川省攀枝花市，甚至开始实施鼓励三胎政策，一些地方政府也

---

① 参见新华社 2021 年 9 月 20 日"新华社微特稿"。

随之跟进。这样的政策导向，必然导致政府机构与职能的转型，首先就是在中国政府的层面上，国家计划生育委员会被并入卫生健康委员会，大健康开始成为重要的产业。

在全球范围内，以老年人、儿童、残疾人为主要对象的社会服务业日益产业化；助人为本的生活性社会服务业正在全面崛起，社会福利事业、社会服务日益向产业化转型。

人们甚至可以进一步发现：社会意见的表达过去总是通过代表来实现，要经过各类精英的"加工"，现在则是通过社交媒体直接表达。这样一来，传统的政治设施是不是也要进行系统调整呢？

政府转型：从宏观政策制定到全方位的经济与社会服务

在相当长的时期中，人们习惯地认为，市场是由"看不见的手"所操控的，政府不应当进行干预，政府更不应当自己去创办企业。但是，现实的发展正在呈现出相当不同的发展趋势。

从世界的经济活动看，各国政府的"手"都在参与经济活动，只不过方式不同，强弱程度不同罢了。在现实世界中，市场经济和"长臂管辖"并用的现象，已经使人们无法理解经典教科书中的原理。各国政府的职能，在现实中都在进行着深刻的调整。

最为突出的，是政府与社会互动方式的转变。2020 年，面对新冠肺炎疫情的严峻形势，通常被认为是典型的市场经济国家也开始向百姓发放金钱以应对停工停产的危机，也就是说，政府需要及时解决老百姓的日常生活问题。在这方面，各国政府开展了不同方式的竞赛，各类补贴政策无奇不有。小区封闭，城市封控期间，居民生活如何保障？政府与社区开始承担起了直接的责任，为一些家庭送饭送菜，送药上门等。而对于新冠疫苗，更是免费接种。

以民为本的中国，政府设立服务热线，有关政府部门要做到"接诉即办"，促成责任政府的日益发展。在北京，有个"12345"热线，24 小时有人值班，只要有市民电话反映问题，就要记下来，并在很短时间内就要反馈，之后还要征求当事人对问题解决的满意度；而在政府内部，每天的电话记录按照街道排序，当天晚上要送到市长和市委书记的办公桌上。结果，许多社区内部的小问题都会得到及时解决，快速地化解了基层的众多矛盾。

北京的办法可以上升到治理体系建设的理论层面来分析。人们习惯于把"小政府、大社会"当作未来的发展方向，但是，随着经济与社会的发展，政府与社会的功能都在不断变化，其互动模式日益紧密而多样化，一些需要迫切解决的问题如噪声、水管破裂、污染等都需要政府立即行动，尽快解决。在新冠肺炎疫情封闭区内，有的居民发生了生活保障问题，包括食品供应与用药问题等，这些问题，对于居民个体而言，都是十分紧迫的问题，都要求有关工作人员立即解决。类似这类公共事务的处理，需要很强的反应能力。这些十分具体的社会需求，恰恰使得政府与社会的关系正在经历着从小政府到"强政府、大社会"的结构转型。

在中国行政管理中还推广"米袋子"与"菜篮子"工程。中央政府要求地方政府细化量化目标任务，压紧压实"米袋子"市（县）长分级负责制和"菜篮子"市长负责制，以保证市场供应。按照经济学的一般原理，这些都是市场随行就市来解决的问题，政府不能过多参与。但中国的社会现实则是如果基本民生问题得不到有效解决，首要的责任需要由政府来承担。这样的政府职责的逻辑，也许可以大大丰富政治学的政府理论。

随着中国经济社会的发展，有的地方政府已经开始摸索拓展新的功能。深圳发展的世界奇迹，也说明政府对于经济发展的促进作用。为什么一个小渔村，在政策一变后就可以成为大都市？其中重要的一条经验就是，中央政府对深圳的授权和深圳的大胆探索。

政府经济发展功能转化的趋势表明，在善经济的大格局中，政府不仅不能缺位，还应该发挥更为积极的作用。

社会组织转型：社会价值直接经济价值化

社会组织，本来只是为社会价值而生。但是，到了善经济时代，社会组织所产出的 GDP 甚至也不弱于一些较大的产业。社会所有制下的社会组织，成为善经济的一大枢纽。

社会组织转化为生产力的效应，有几条途径相当明显：

首先就是专业性的社会服务、社区服务所促成的就业人员的大量增加。仅以养老为例，在几千年家庭养老的结构中，家庭成员或者家庭雇用的保姆之类的服务人员承担着主要的养育老人的职责，这些服务不太可能产生出 GDP，没有办法计算产值。但是，随着社会养老服务需求日益增长，养老服务将成为庞大的产业。最明显的是养老机构需要大量的专业服务人员，日本和德国都有超过百万的受过专业训练的养老护理人员，即使如此，人手还是显得紧张，产生了鼓励外籍人士参与养老服务的政策。如果是一亿左右的人口需要上百万的专业护理人员，那么，人口已经达到 14 亿多的中国，则需要更多的养老专业护理人员。这本身就是一个巨大的就业市场。

在许多发达国家，由于建立起多种形式的社会福利制度，于是就实行鼓励家庭成员来领取政府的补贴以服务于家庭老年人或残疾人的政策。像这样不出门，在家庭也可以就业，创造产值，在过去是不可思议的。

其实，社会组织的生产力效应在志愿服务领域表现得最为明显。社会服务、志愿服务本来就是做好事，人们也不会期待其成为创造 GDP 的行为。但是，随着志愿服务的普及，在世界范围内，参与志愿服务的人口往往占成年人口的 20% 左右，如果是一个超过 10 亿人口的国家，就会存在着 2 亿左右人口参与志愿服务潜在人力资源，这样的服务，当然是相当优质的具有高附加社会价值的服务，也将会创造出巨大的经济价值。中国 2008 年汶川大地震救灾与"一省对一县"体制所促成的两年即完成灾后恢复重建的经验，其实就是体制性动员志愿服务最为成功的案例。这种新的生产力要素，在中国抗击新冠肺炎疫情的关键时期又被转化为"一省包一市"的体制以动员其他地方到疫情严重的湖北省对口一个市实施支援，结果又取得了成功。的确，如何计算这类志愿者的生产力价值，还缺乏成熟的社会统计与分析工具。不过，实践走在了前面！

社会组织的生产力效应，还集中体现在一些慈善基金直接投资办企业。

在美国，基金会的投资不能超过企业股份的20%。这就意味着，慈善组织可以参与企业的投资。而在欧洲的许多国家，根本没有比例的限制。欧洲的两大企业，一是瑞典的宜家集团，其核心资产主要由斯地廷·英格卡基金会控制，而这个基金会资产无法分割或者由私人受益。据说，英格瓦·坎普拉德在40多岁的时候就开始思考如何使宜家集团永续存在，为了避免资本控制或者攫取宜家的财富，他拒绝把企业上市；同时迫于遗产税的压力以及对未来可能发生的家族成员争夺财产的可能，他决定设立Stichting INGKA Foundation（斯地廷·英格卡基金会），这家基金会的目标是"促进和支持建筑和室内设计创新"，他本人将拥有的股权全部捐赠给了该基金会，从而使基金会实际拥有英氏控股集团。随后，英特罗格基金会和宜家基金会出于资本运作和开展慈善的需要而相继设立。二是德国的博世公司。1964年，非营利的博世资产管理有限公司（后转型为罗伯特—博世基金会）收购了罗伯特—博世有限公司（Robert Bosch GmbH）93%的股权，成为大股东。博世家族拥有罗伯特—博世有限公司7%的股份。如今，罗伯特—博世慈善基金成为欧洲规模最大的非营利机构之一。而通过将股份安全地保管在基金会，公司的持续性得到保障。基金会本身确实是慈善组织，但基金会也的确是博世公司的大股东，但它不做任何生意决策，结果，形成了有限公司、基金会和博世家族三权分立的格局。

社会价值转化为经济价值的案例日益增多，甚至出现了社会影响力或社会价值投资的趋势，社会组织的经济功能日益显著。

企业转型：从你死我活的竞争到你好我好的竞赛

在中国春秋时期，各诸侯国之间的战争要遵循礼仪，"不鼓不成列"就是重要的战争礼仪之一，而且要有类似裁判的人员观礼。到了战国时期，战争完全成为不择手段的你死我活的厮杀。商业似乎也有这样的发展路径，从仁义礼智信的伦理，到了逐步盛行起你死我活的"狼性文化"，甚至上升为系统的弱肉强食的自由竞争。这种局面，到了人均GDP 1万美元时代，也开始发生根本性转变，其集中体现就是"商业向善"伦理的复兴。

商业向善，使得私有制也开始了社会化转型，"狼性文化"逐渐为商业社会所鄙视，其基本原因就是商业竞争态势的转变。

最早的商业竞争主要是争"有"还是"没有"，确实是残酷的竞争。这主要是因为物资匮乏，属于短缺经济，有和没有确实与死活相关！

后来，产品日益增多，商业竞争进入争"多"与"少"的阶段。这个时期，大家开始建立起一定的规范，商业伦理开始强调法律！

而到了善经济阶段，由于生产力高度发达，对于商品的精神感受日益加强，商业开始进入争"好"阶段，商业向善就是最好的写照。一旦向善，逻辑大变。

一开始，整个商业主要强调企业社会责任（CSR）。其主要概念就是，企业在创造利润即对股东负责的同时，还需要承担起对劳动者、消费者、环境、社区等利益相关方的社会责任，其关键是要保护劳动者的合法权益，包括不歧视、不使用童工，不使用强迫性劳动，创设安全卫生的工作环境和制度等。

后来，人们又进一步推广可持续发展即责任投资的理念，确立环境、社会和公司治理（ESG）要密切关联的价值观，特别强调公司的发展既要关注环境和社会效益，同时公司的内部治理也要良善。

在这样的趋势中，伴随着企业社会价值的日益增加，商业公司客观上日益社会化，甚至投资的手段也开始被强制规范。例如，在早期阶段，有的商人买一块地，可以在相当长的时期内不用开发，等待地价升值，然后再把土地溢价出售。而进入善经济阶段，政府就开始管理这种购置开发性土地而不开发的行为，限定其在一定时间内必须开发，否则即要收回。商业行为也开始更为深度地融入社会价值，赚钱也要讲更广泛意义上的社会诚信。

更进一步的是，在市场经济中，追求社会价值的企业不断发展，产生了社会企业的形态，也产生了社会价值投资的趋势。

社会企业一般是指那些以解决社会问题、增进公众福利为使命，而非追求自身利润最大化的企业。在这类企业中，投资者拥有企业所有权，企业采用商业模式进行运作并获取资源，其盈余往往再投资于企业或社区发展。这类企业往往是社会资本与商业资本相混合，社会方法与商业方法相混合，既创造社会价值也创造经济价值，目前在全世界已经广泛发展，其形式包括社会福利企业、社区公司、环境保护与文化类的企业等。中国政府在 20 世纪 80 年代即创办社会福利企业，鼓励残疾人就业，在当时产生了相当大的社会影响力。

社会价值投资的典范，人们一般认为是孟加拉国尤努斯教授在 1974 年创办的格莱珉银行即孟加拉乡村银行。其主要特点是：瞄准最贫困的农户，并以贫困家庭中的妇女作为主要目标客户；提供小额短期贷款，按周期还款，整贷零还；以五人小组联保代替担保，相互监督，形成内部约束机制；执行小组会议和中心会议制度，检查项目落实和资金使用情况，办理放、还、存款手续，同时还交流致富信息，传播科技知识等。这样的金融机构，确实打破了人们的传统贷款理念。在中国，最早由中国扶贫基金会投资的中和农信公司也是类似性质。

企业与金融的转型，客观上使得企业的所有制结构与生产和组织方式出现了多样性的趋势。企业向善的趋势，运用商业工具和方法实现社会目标的方式，正在促成私有制与社会所有制的融合与跨界。

独特的以村庄为本位的集体所有制

集体所有制，可能在中国最为典型。或者说，它是中国特色的产权制度和社会结构的重要组成部分。

一般认为，集体所有制是"社会主义劳动群众集体所有制"的简称，是社会主义社会中生产资料和劳动成果归部分劳动群众集体共同所有的一种公有制形式；在农村表现为各种形式的地区性农业合作经济组织和其他生产、供销、信用、消费、工副企业等合作经济；在城镇表现为手工业、工业、建筑业、运输业、商业、服务业、修理业等集体经济。

如果再深入分析，就会发现，在集体所有制的各种类型之中，存在着很大的不同。其根本的区别在于，以村庄为单位的集体经济是不可能破产的，也不可能并购，而以产业或者各类业务为本的集体经济则是允许破产和并购的。况且，村集体经济的财产客观上并不是按照每个人或每一户出钱的多与少来确定的，许多财产尤其是土地包括宅基地的分配依据就是本村居民生而有份。

这里的原因在于，以村庄为单位的集体经济以血缘和地缘为基础，具有很强的共同体性质。因为村庄的居民往往是世代居住在一起，有着多重社会联系纽带，包括婚姻关系和家族关系等。关键在于，在中国相当长的历史时期中，父辈的财产通常是在几个儿子之间分配，在理念中流行的是父辈的财产大家都有份，因此大家都要孝敬父母，伦理关系十分发达。由此扩展，亲属之间客观上存在着互相帮助的责任。而由于村庄之中往往由一个到几个大的家族构成，几个家族之间往往互通婚姻，大家自然有着天然的亲情。邻里互助的悠久传统，植根于大家本来就有的血缘与地缘关系。

像中国这种独特的村庄社会结构与经济结构，在西方社会不曾有过。因为在欧洲，更多的是封建领主制度，居民与领主之间更多的是财产关系而不是人伦关系。而中国由于政府机构发达，其居民混杂居住的村庄结构，恐怕在西周时期就已经形成。因为那个时期，就已经分邦建国，亲属关系与政治关系密切相关，家国一体；同时也有了井田制度，公田与私田混合耕作，"雨我公田，遂及我私"，"均土地以稽其人民而周知其数"，大体反映了该制度的管理与使用状态。

在中国的村庄中，在日常生活中，如果一个人或一家人有了特别严重的困难，左邻右舍与亲戚朋友都会主动出来帮助。邻里互助，已经成为一种深入骨髓的文化传统。这与现代城市社区中邻居对门多年不知名姓并且老死不相往来的现象是迥然有别的。

由于在几千年的历史时期中，中国都是以农立国，农民占据着人口的绝大多数，农村的结构与伦理必然对于国家传统产生决定性的影响。到了现代，即使农村进行包产到户以后多年，村庄的财产和人伦共同体性质与城市社区截然不同，所以不可能简单照搬城市的做法。也正是如此，农民进城务工，还是离土不离乡，一旦离开城市回到家乡，还是能够自然融入村庄生活。正如黄宗智所说，中国新农业展示的是"没有无产化的资本化"，当代中国农村的"家庭作为一个分工的经济单位（半工半耕），今天仍然在国民经济和社会（以及文化）中起着十分重要的作用，仍然展示了不同于现代西方高度个人化的型式"。①

这样的村庄集体所有制，作为一种生活的共同体，会不会随着城市化的进展而消失？现在看来，尽管乡村会随着城镇化的迅猛发展而呈现出一定的变化，但由于乡村承载着多重的经济与社会功能，其历史的合理性会促成政策的不断调整从而促成乡村的再度繁荣。中国的乡村振兴政策，也许与中华文明的复兴有着内在的联系。

中华民族所特有的家国情怀与叶落归根的传统，可能也是村庄集体所有制十分自然的产物。而这种所有制，既不是像以色列的基布兹那样，社区里的人是没有私有财产，工作没有工资，衣食住行教育医疗都是免费的，也不是完全私有制并且缺乏血缘与地缘关系的许多西方国家的社区，中国的集体所有制不仅有很强的中国特色，也会是善经济的重要组成部分。社区之善，兴于乡村，也完全有可能以多种形式影响城市。中国社会的特殊性与善经济结构的多样性，由此可见一斑。

融合型所有制结构的发展趋势：走向共享

善经济的发展，正在不断打破传统所有制的界限。在世界范围内，各类所有制客观上正在呈现出多样性跨界而迅速融合的趋势。不过，这种融合并不是依赖于军事行动和行政力量的强制组合，而是发生在多个领域的自然态势，其关键的结合点就是社会价值的不断提升与扩展。人们形象地把这一趋势称为：走向共享。

在世界范围内两大转型正在呈现日益汇合的趋势。一方面，整个商业体系日益增强立足于商业竞争逻辑向善的转型。这个转型，既受到物质产品极大丰富的内在驱动，又受到迅猛发展的科技手段普及化大众化的压力，还受到政府对于新管理规范的规制建设加强的影响，商业向善的进程呈现加速度发展态势。

---

① 黄宗智：《中国的新型小农经济：实践与理论》，广西师范大学出版社 2020 年版，第 47 页。

而在另一方面，各个国家的社会福利制度也在日益扩展。教育、卫生与住房福利特别是义务教育、养老保险、医疗保险的日益普及与提升和工作条件、生活条件、住房条件甚至交通设施的逐步改善，促成了第三世界在多个领域追赶第一世界福利体系建设的态势。尽管有人还固执地认为发展中国家如果赶上发达国家的福利水平将会造成世界资源的短缺因而导致地球不可承载，但是，这种所谓的科学计算方法和隐性的第三世界只能永远贫困的帝国主义偏见的荒谬性，随着各国发展模式的不断创新尤其是人民对于美好生活向往的务实行动而日渐暴露无遗。

商业向善与社会福利的融合，促成了人类文明程度的迅速提升。一个新型的公共伦理和所有制结构包括治理体制正在逐步展现：财富向善更进一步促成天下为公伦理的广泛传播；人人为我，我为人人的理念将打破各类隔绝人财物合理流动的藩篱；而人类命运共同体理念和机制的日益普及，将会促成社区治理机制甚至国际治理机制的根本性变化。

也许有人会问，这是不是共产主义时代的到来？当然，就生产率的发达程度和福利水平而言，可能在许多方面要超出一百多年前人们所设想的共产主义水平，确实是世界趋同。但是，就所有制结构和国家形态而言，并不是一个模式、一个结构，而是和而不同的、多样化的所有制，国家形态不是消灭而是更为牢固。特别是多种形式的所有制之间，不是截然对立，而是混合型的所有制，许多方面类似于上市公司的股份制，大家为了一个共同目标而精诚合作，促成大家共同获益而不是一方获利而另一方损失的零和博弈。

善经济的社会结构，正在伴随着经济领域三个明显的发展方向而加速发展：

其一是高科技领域产品的迅速大众化、普及化。在20世纪90年代，一部手机的价格是几万元人民币，只能是极少数人能够使用。而到了21世纪的第二个十年，手机可以便宜到上千元甚至几百元一部，甚至许多国家的儿童也开始使用手机，数字科技已经深入到家庭日常生活。

其二是高利润行业利润的平均化。过去，许多依靠科学技术发明的产品可以长期垄断，价格高昂，只有少数企业能够生产。但是，随着不少国家开始突破"卡脖子项目"，技术壁垒日渐被突破，于是一些上亿元的产品可能降价到一两千万元甚至降到几百万元，这样就更为方便地在更大范围使用这样的装备，从而使得人类的生产力得到更为迅速的提升。在这种情形下，长期保持的垄断性利润将会逐渐地平均化。

其三是金融行业的脱虚向实。在相当长的时期中，金融是相当稀缺的产品。而随着人类生产力水平的提升与社会进步，金融也开始日益平民化，有的国家银行开始对存款者收取利息而不是像以前一样由存款者向银行收取利息，在这种形势下，过多的资金如果投资不当反而成为负担，而一些国家将资金用于投资发展中国家的基础设施，使得发展中国家的基础设施得到较大改善，投资者更多地投资初创企业，天使投资日益普及化。金融家开始更多地关注民生与科技发展、清洁能源等。

在这些要素的综合作用下，政府所有制与私营所有制的融合日益多样化，公私合营、公办民营、民办公助、政府入股于民营企业等多种形式的所有制并存发展，使得未来的经济结构在社会价值迅速增长的基础上日益纷繁复杂。

在人类社会中，无论是所有制的融合还是文化的交流都有一个相当复杂的过程。2018年，在中国与欧洲慈善家于布鲁塞尔的一次交流会议上，大家曾经共同探讨过汉语的"共享"如何翻译为英文的问题。开始，大家简单地认为用 sharing 就可以。但是，随着讨论的深入，大家都觉得没有合适的英文来表达中文语境下的"共享"，可能用拼音字母即 Gongxiang 来表达会更为合适。这样的讨论意味深长。文化的交流是如此，所有制的融合将会更为错综复杂。也许，还需要多个回合的反复作用，才有可能探索出对于善经济更为适宜的多样化所有制形态。

第七章

贫困问题的善经济逻辑

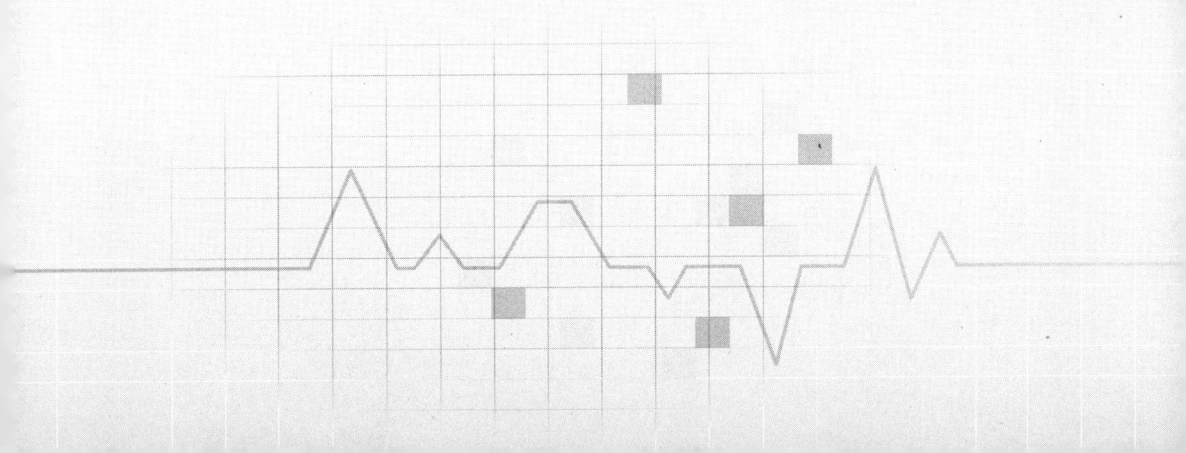

任何类型的经济都涉及如何系统地消除贫困问题。在善经济的发展格局中，贫困问题如何得到解决呢？

　　福利经济学的主要逻辑是，只有建立起社会福利制度，政府投入大量的资金，才能够从体制上解决贫困问题。也就是说，没有经济的发达，没有资金的保障，就无法解决贫困问题。一般发展经济学的逻辑也认为，有钱才能发展，缺乏资金的投入，只能是束手无策。

　　能否在资金还不充足的条件下推进贫困问题的解决呢？中国脱贫攻坚的历史进程表明，解决贫困问题，需要有独特的认知理念并确立起非传统的政策体系。这一特殊的理念就是：贫困问题的解决完全可以和发展紧密结合起来。贫困地区贫困人口的脱贫应该成为经济和社会提升的主战场之一，贫困完全可以成为发展的动力而不是发展的包袱。这是新的贫困观，也是一种新的发展观，同时也是一种新的发展经济学，更是善经济的重要逻辑！

中国脱贫攻坚：消除贫困的世界级案例

我们首先来系统地分析一个相当典型的世界级的脱贫攻坚案例，从发展经济学的角度来讨论这一特殊的公共行为，从而探索善经济的一项发展逻辑。

2021年初，中国政府宣布：2020年底，中国已经如期完成新时代脱贫攻坚目标任务，现行标准下9899万农村贫困人口全部脱贫，832个贫困县全部摘帽，12.8万个贫困村全部出列，区域性整体贫困得到解决，完成消除绝对贫困的艰巨任务。①

这标志着中国从20世纪80年代开始的扶贫攻坚行动圆满完成。这项巨大的社会工程，开始于从中央到地方成立专门的扶贫机构，确定扶贫标准、重点片区和贫困县，动员政府和社会各类力量对口扶贫的重大社会行动。

从2013年开始，中国政府实施更进一步的积极战略，明确到2020年现行标准下农村贫困人口实现脱贫、贫困县全部摘帽、解决区域性整体贫困的目标任务。为实现这一目标，创造性地提出并实施精准扶贫方略，其主要内容包括：真正做到扶持对象、项目安排、资金使用、措施到户、因村派人、脱贫成效共计六个方面的精准；全面实施发展生产、易地搬迁、生态补偿、发展教育、社会保障兜底共计五项重大措施；集中解决好扶持谁、谁来扶、怎么扶、如何退、如何稳共五个关键的问题，从而系统增强脱贫攻坚的目标针对性，提升脱贫攻坚的整体效能。

这种扶贫方略，包含着许多具体的内容：

第一个行动就是，扶贫必先识贫！这是精准扶贫的前提，也是难点所在。

面对规模庞大又结构复杂的贫困人口，要达到精准识贫，就要掌握信息到人到户。这就不能是抽样调查，而是全面系统的普查。这本身就是调查研究方式的创新。

中国所制定的贫困识别标准和程序是：

---

① 本节有关数据与内容均引自2021年4月6日国务院新闻办公室《人类减贫的中国实践》白皮书。

首先，建立起系统的调查队伍，运用行政力量，组织基层干部进村入户，摸清贫困人口分布、致贫原因、帮扶需求等情况。

其次，确定明白的贫困户识别标准，就是以农户收入为基本依据，综合家庭住房、教育、健康等情况，通过农户申请、民主评议、公示公告、逐级审核的方式，进行整户识别。

最后，建立贫困村的识别规范，即综合分析行政村贫困发生率、村民人均纯收入和村集体经济收入等情况，按照村委会申请、乡政府审核公示、县级审定公告等程序确定。

在宏观管理层面，中央政府行政管理部门即当时的国务院扶贫办公室对识别出的贫困村和贫困人口建档立卡，建立起全国统一的扶贫信息系统。同时还要定期组织开展"回头看"，实行动态管理，及时剔除识别不准人口、补录新识别人口，提高识别准确率。

在中国的扶贫历史上，建档立卡第一次实现贫困信息精准到村到户到人，精确瞄准了脱贫攻坚的对象，第一次逐户分析致贫原因和脱贫需求，第一次构建起国家扶贫信息平台，为实施精准扶贫精准脱贫提供清晰的数据支撑。而从世界范围看，这也是贫困管理办法、体制与技术空前的创新！

第二，在精准掌握贫困人口信息的基础上，采取什么样的措施才能达到既定目标呢？

中国的基本办法是，充分发挥中国的政治体制优势、组织优势，建立中央统筹、省负总责、市县抓落实的脱贫攻坚管理体制和片为重点、工作到村、扶贫到户的工作机制，构建起横向到边、纵向到底的行政工作体系。中共各级党委充分发挥总揽全局、协调各方的作用，执行脱贫攻坚"一把手"负责制，中国中西部含有贫困地区的22个省份党政主要负责同志向中共中央签署责任书、立下军令状，省市县乡村五级书记一起抓。

在脱贫攻坚期内，贫困县党委政府正职保持稳定。有脱贫任务的地区，倒排工期、落实责任，抓紧施工、强力推进。脱贫攻坚任务重的地区，把脱贫攻坚作为头等大事和第一民生工程，统揽经济社会发展全局。

对于地方官员，实行最严格的考核评估和监督检查，并建立健全干部担当作为的激励和保护机制，确保扶贫工作务实、脱贫过程扎实、脱贫结果真实。

在贫困地区普遍建立干部驻村帮扶工作队制度。从 2013 年开始，普遍向贫困村选派第一书记和驻村工作队，到 2015 年，实现每个贫困村都有驻村工作队、每个贫困户都有帮扶责任人。到 2020 年底，全国累计选派 25.5 万个驻村工作队、300 多万名第一书记和驻村干部，同近 200 万名乡镇干部和数百万名村干部一道奋战在扶贫一线。

第三，脱贫攻坚的具体方法。由于贫困的类型和原因千差万别，中国在减贫实践中，针对不同情况分类施策、对症下药，因人因地施策，因贫困原因施策，因贫困类型施策，其办法主要有五个：

一是通过发展生产脱贫一批。这是增强贫困地区造血功能、帮助贫困群众就地就业的长远之计。主要是支持和引导贫困地区因地制宜发展特色产业，鼓励支持电商扶贫、光伏扶贫、旅游扶贫等新业态新产业发展，依托东西部扶贫协作推进食品加工、服装制造等劳动密集型产业梯度转移。建设各类产业基地，拓展产业帮扶政策，推进科技扶贫，推广应用先进实用技术、新品种，为贫困户提供扶贫小额信贷支持等。

二是通过易地搬迁脱贫一批。这主要是对生活在自然环境恶劣、生存条件极差、自然灾害频发地区，很难实现就地脱贫的贫困人口，实施易地扶贫搬迁。通过全面摸排搬迁对象，制定搬迁规划，确定搬迁规模，有计划有步骤地稳妥实施。使得 960 多万生活在"一方水土养不好一方人"地区的贫困人口通过易地搬迁实现脱贫。

三是通过生态补偿脱贫一批。这主要是依照"绿水青山就是金山银山"理念，实行脱贫攻坚与生态保护并重，在加大贫困地区生态保护修复力度的同时，增加重点生态功能区转移支付，让有劳动能力的贫困人口就地转为护林员等生态保护人员。贫困人口积极参与国土绿化、退耕还林还草等生态工程建设和森林、草原、湿地等生态系统保护修复工作，发展木本油料等经济林种植及森林旅游，实现"双赢"。

四是通过发展教育脱贫一批。这主要是持续提升贫困地区学校、学位、师资、资助等保障能力，20 多万名义务教育阶段的贫困家庭辍学学生全部返校就读,全面实现适龄少年儿童义务教育有保障。实施定向招生、学生就业、职教脱贫等倾斜政策,帮助800多万名贫困家庭初高中毕业生接受职业教育培训、514万名贫困家庭学生接受高等教育,重点高校定向招收农村和贫困地区学生70多万人,拓宽贫困学生纵向流动渠道。开展民族地区农村教师和青壮年农牧民国家通用语言文字培训,提升民族地区贫困人口就业能力。

五是通过社会保障兜底一批。这主要是实施特困人员供养服务设施改造提升工程,增强集中供养能力。农村低保制度与扶贫政策密切衔接,全国农村低保标准从2012年每人每年2068元提高到2020年的5962元,提高188.3%。扶贫部门与民政部门定期开展数据比对、摸排核实,实现贫困人口"应保尽保"。

多渠道多元化的扶贫措施还包括推进就业扶贫,通过免费开展职业技能培训、东西部扶贫协作劳务输出、扶贫车间和扶贫龙头企业吸纳、返乡创业带动、扶贫公益性岗位安置等形式,支持有劳动能力的贫困人口在本地或外出务工、创业,贫困劳动力务工规模从2015年的1227万人增加到2020年的3243万人。开展健康扶贫工程,把健康扶贫作为脱贫攻坚重要举措,防止因病致贫返贫。实施网络扶贫工程,支持贫困地区完善网络覆盖,推进"互联网+"扶贫模式。实施资产收益扶贫,把中央财政专项扶贫资金和其他涉农资金投入设施农业、光伏、乡村旅游等项目形成的资产,折股量化到贫困村,推动产业发展,增加群众收入,破解村集体经济收入难题等。

第四,通过建立贫困退出机制,明确贫困县、贫困村、贫困人口退出的标准和程序。

政府制定脱贫摘帽规划和年度减贫计划,确保规范合理有序退出。严格执行退出标准,严格规范工作流程,贫困人口退出实行民主评议,贫困村、贫困县退出进行审核审查,退出结果公示公告,让群众参与评价,做到程序公开、数据准确、档案完整、结果公正。

同时强化监督检查,每年委托第三方对摘帽县和脱贫人口进行专项评估,重点抽选条件较差、基础薄弱的偏远地区,重点评估脱贫人口退出准确率、摘帽县贫困发生率、群众帮扶满意度,确保退出结果真实。2020年至2021年初，开展国家脱贫攻坚普查，全面准确摸清贫困人口脱贫实现情况。

贫困人口、贫困村、贫困县退出后，在一定时期内原有扶持政策保持不变，摘帽不摘责任，摘帽不摘帮扶，摘帽不摘政策，摘帽不摘监管，留出缓冲期，确保稳定脱贫。对脱贫县，从脱贫之日起设立五年过渡期，过渡期内保持主要帮扶政策总体稳定，对既定帮扶政策逐项分类优化调整，逐步由集中资源支持脱贫攻坚向全面推进乡村振兴平稳过渡。

中国政府的这一脱贫攻坚工程，取得了历史性的成功。毫无疑问，这是善经济的典范案例。这一成功所蕴含的深远的学术意义，十分值得系统地分析与升华。

发展经济学的新基点：系统地解决贫困问题

经济学的一种观点认为，政府举办的社会保险和福利设施将会导致贫困，因为社会保险制度会削减个人储蓄；社会福利会抑制人们工作的积极性，滋长穷人的依赖心理；政府实施社会福利计划，不仅不能减轻反而会加重和扩大贫困乃至使贫困永久化，因而主张政府应尽量削减社会福利计划的支出。

中国的发展实践，对于这样的观点是一种彻底否定。中国是从相当系统的体制性安排出发，通过经济发展与社会保险、福利制度和脱贫攻坚的社会计划等来推动贫困问题的整体性解决。其结果就是，经济得到全面发展，储蓄大幅度提升，贫困人口更为积极地投入工作，地区性贫困尤其是绝对贫困问题得到消除。

从中国的经验看，要解决贫困问题，主要的政策性办法包括：

建立养老保险和医疗保险制度，作为基础性的社会工程。这两项基本保险，需要做到人口的全覆盖，实现老有所养，病有所医。也就是说，一旦就业，就要上缴保险，从而使得社会保险真正能够保障人们不会因为疾病与养老而大面积返贫。非正规就业的城乡居民特别是农村居民，则在新型农村合作医疗制度和新型农村社会养老保险制度与城镇居民社会养老保险制度的基础上，2014 年建立起城乡居民基本养老保险制度，2016 年建立起城乡居民基本医疗保险制度。在基本保险制度范围内，由于各种原因产生的资金缺口，还要通过财政的补贴予以支持，从而使社会保险制度良性运转。

城乡居民养老保险基金由个人缴费、集体补助、政府补贴构成。在个人缴费方面，参加城乡居民养老保险的人员应当按规定缴纳养老保险费。缴费标准基本设为每年 100 元、200 元、300 元、400 元、500 元、600 元、700 元、800 元、900 元、1000 元、1500 元、2000 元 12 个档次，省（区、市）人民政府可以根据实际情况增设缴费档次，最高缴费档次标准原则上不超过当地灵活就业人员参加职工基本养老保险的年缴费额，并报人力资源和社会保障部备案。人力资源和社会保障部会同财政部依据城乡居民收入增长等情况适时调整缴费档次标准。参保人自主选择档次缴费，多缴多得。在集体补助方面，有条件的村集体经济组织应对参保人缴费给予补助；鼓励其他社会经济组织、公益慈善组织、个人为参保人缴费提供资助；补助、资助金额不超过当地设定的最高缴费档次标准。在政府补贴方面，政府对符合领取城乡居民养老保险待遇条件的参保人全额支付基础养老金，其中，中央财政对中西部地区按中央确定的基础养老金标准给予全额补助，对东部地区给予 50% 的补助；地方人民政府对参保人缴费给予补贴，对选择最低档次标准缴费的，补贴标准不低于每人每年 30 元；对选择较高档次标准缴费的，适当增加补贴金额；对选择 500 元及以上档次标准缴费的，补贴标准不低于每人每年 60 元，具体标准和办法由省（区、市）人民政府确定；对重度残疾人等缴费困难群体，地方人民政府为其代缴部分或全部最低标准的养老保险费。

在城乡居民基本医疗保险方面，2022 年 7 月 8 日，国家医疗保障局官网发布《国家医保局 财政部 国家税务总局关于做好 2022 年城乡居民基本医疗保障工作的通知》，2022 年继续提高城乡居民基本医疗保险（以下简称"居民医保"）筹资标准；各级财政继续加大对居民医保参保缴费补助力度，人均财政补助标准新增 30 元，达到每人每年不低于 610 元，同步提高个人缴费标准 30 元，达到每人每年 350 元。北京的政策就是：2023 年度北京市城乡居民基本医疗保险集中参保时间为 2022 年 11 月 1 日至 2023 年 1 月 31 日，参保人当月参保，次月缴费。2023 年个人缴费标准有所调整。其中，城乡老年人每人每年 370 元；学生儿童每人每年 345 元；劳动年龄内居民每人每年 665 元。与此同时，对应的财政补助也有新增，财政补助标准分别上调为学生儿童每人每年 1665 元；劳动年龄内居民每人每年 2295 元；城乡老年人每人每年 4290 元。

同时，国家建立灾害应急救援与灾民生活保障制度、灾区恢复重建制度，以应对突发性的灾难。当严重的自然灾害包括洪涝、地震、旱灾等发生时，中央政府必须给以及时救济。中国的自然灾害应急救助甚至强调 24 小时救助到位，即强调救援的及时性。在临时性救援之后，还要保障灾区民众的基本生活，尤其是在冬季与春季，针对青黄不接时期出现的生活困难，中央财政列出冬春救济的专项，拨付给地方政府以向灾区困难居民发放。如灾民的住房倒塌，中央政府也要拨付资金予以支持以实现恢复重建。甚至包括道路、电力、学校、供水、通信等各类基础设施，中央财政都要拨出专款，以支持地方政府的工作。

城乡最低基本生活保障制度、特困人口的基本生活保障制度和医疗救助制度等，则是专门针对收入水平较低的城乡困难人口。低保人口与特困人口，都可以按照标准每月领取补贴资金以补贴生活。而特困人口，即鳏寡孤独人口，还可以住进政府兴建的福利设施，以得到更为专门的生活照料。在中国，这一制度覆盖的人口近 5000 万，而医疗救助覆盖的人口则更为宽泛。

社会福利制度，是面向更为特定的人口，其主要对象是孤儿、老年人、残疾人。只有给予这些人口更为特殊的社会福利和社会服务，才能更为周密地保障其基本生活。在中国，往往以津贴或补贴的方式向孤儿、高龄老人、重度残疾人发放额度不同的资金，来支持其基本生活包括一定的护理照料费用。孤儿如果缺乏家庭照料，还可以入住儿童福利院。

改善生产生活条件和义务教育制度，也是中国解决贫困问题的重要方法。首先是贫困人口的住房问题，政府在城市中改造棚户区，解决城市中出现的贫民窟问题；而在农村则进行危房改造，改善贫困人口的住房。政府实行的九年制义务教育，则保证了青少年的受教育水准。同时，基层医疗设施、道路交通、通信、电力，甚至厕所修建，都由政府进行投入，从而使得生产与生活条件得到改善。

发展生产，是脱贫的根本保障。在这方面，公共政策的作用更为明显。如前所述，贫困地区的许多生产项目，都是政府和社会支持的结果。而许多脱贫的典型，则是当地居民积极参与生产与生活改善进程的榜样。

也许人们要问，在中国，难道没有懒汉？当然有，在任何社会中，都会有懒汉。但是，他们在人口中比例很小，在中国的文化氛围中，如果被人们称为懒汉，是很不光彩的事情。在农村，许多人不愿意当低保户，一部分原因是怕子女不好找结婚对象！这当然是一种很特殊的文化。公共政策不可能依据少数人来制定。

经济学的理论一般认为，任何社会面临的基本经济问题都是稀缺问题。面对贫困问题，如何解决稀缺性？中国的答案是，解决贫困问题，不是简单的发放物资以救济，是既要输血，更要造血，是输血和造血混合型的脱贫办法，是提升贫困人口生产生活能力式的扶贫！在发展经济学中，这样的案例相当罕见！

包菜价格差异化理论：自给自足的自耕农与市场的不均衡性

有人在观察中国市场的价格结构时，发现一个很有意思的现象并提出了一个十分有意思的问题：在中国的许多县城，一棵包菜的价格只有几角人民币，而在同时期的北京、上海等一些大城市，一棵包菜的价格要达到几元人民币。为什么会出现这样的价格差异化现象？在发达国家，同样的农产品在全国范围内，不管城乡和地区的差异，其价格的差距不大，因而其农产品的价格是一种均质化态势。

在发达国家，农产品价格的均质性完全可以理解。因为在发达国家，人们都从市场上购买农产品，许多超大公司建立起庞大的生产基地或采购网络后，统一标准，统一价格，是很自然的结果。即使有小的农贸市场，规模都不大，也影响不了多少人口，居民购买的主流渠道还是依赖于大公司的商场。

而在中国，农产品尤其是蔬菜的销售有着特别的市场结构。首先，中国有着五亿以上的农村人口，其粮食、蔬菜、肉类等，还在一定程度上保留着自给自足的传统。这主要是由于农村的集体所有制依然牢固，土地归集体所有并由家庭经营的生产方式依然占据主导地位。一个家庭，也许只有几亩土地甚至更少，加上规模很小的自留地，其种植的庄稼和蔬菜与养鸡、养猪的副业，往往能够满足其家庭的食用之需。在这种状况下，农民出售农产品特别是大宗的粮食，往往由政府直接采购，而其少量的蔬菜出售，更多的是为了换取一些零用钱，因而就可以接受以比较便宜的价格出售。

此外，中国人讲究蔬菜的新鲜性，即使城市居民也不例外。这使得在城镇之中，往往有着相当活跃的集市贸易。甚至在相当大的城市，也有早市，主要是买卖蔬菜。而这样的早市，当然只能是由附近的农民来提供自家的农产品才合适，因为距离短、成本低，价格自然低。

有一些研究者认为，中国有几亿生活相当困难的人口，因为其月收入还不到 1000 元。或许在城市人看来，1000 元很少。但对于农民来说，可能并非如此。中国相当多的农民月收入现金确实不到 1000 元，但由于其绝大部分食品并不依赖于市场，他们也不用买房，因而其几百元的现金收入使用起来还是比城市几千元的收入更耐用一些。2002 年到 2007 年，中国在推进农村最低生活保障制度建设期间，曾经先在中西部地区建立起农村特困户救助制度，覆盖了 2000 多万以上的困难人口，中央政府当时的补贴标准是每人每月 5 元人民币，现在看来实在是太少了。但是，对于特别贫困的家庭而言，如果一个三口之家每月能够有 15 元的现金救济，实际上是可以满足相当于城市人口可能需要 500 元才能解决的问题。货币收入与实物收入的比例关系，可能需要进行再研究。因为，中国农村计算收入，往往是以年为单位而不是以月为单位，现代簿记制度在中国农村并不适用。这就是中国问题特别是农村问题的特殊性。

当然，中国 9 亿左右城镇人口的需求更具有多样性。在城市中，同样有着多种超市来供给农产品。不仅有价格高于一般的农贸集市的蔬菜，也会有价格更高的有机蔬菜。还有，更为小众的有机的农产品市场，价格比较高。也有的人会为了支援乡村振兴，远程购买山村较高价格的农产品。

中国市场的不均衡性，由此可见一斑。

孕育着中华农耕文明的广袤的乡村在中国市场经济的结构中所扮演的角

色可能需要重新评估。经济学中完全依赖市场的供求曲线，在中国可能需要加上一部分不依赖市场的自我解决供求的行为，如果这部分人口达五亿之多，甚至还与现代的城市形成积极的互动，那就需要重新发现中国乡村小农的市场经济价值，也需要重新发现其在经济学中的地位！对此，黄宗智的"新型小农经济"的理论也许更符合中国实际。

中国脱贫攻坚的实践与乡村振兴的逻辑提示我们，如何看待农民，如何规划他们的发展与乡村振兴政策，还需要进一步深入研究。

拓展新型城乡关系：非两极分化的城镇化道路

人们常常说，劳动是财富的根源。但如何劳动，劳动又会创造出什么样的财富形态，劳动创造财富的道路会沿着什么样的方向发展？在中国贫困问题得到体制性基本解决的历史前提下，确实有必要分析经济现代化进程中的城乡关系格局。

在中国，小农经济的特殊性的确为世界罕见，其有着精耕细作的悠久传统，人们称男耕女织为自然状态。经济学理论认为，如果要富裕，就必须促成自然经济的解体，完成市场经济的改造，使农民变为工人、农村融入城市，彻底实现城市化。也就是说，自然经济必然要被市场经济所取代，农民必须被分化为富有的企业主与没有生产资料的工人，以此为基础来确立起新的城乡关系。换言之，农民必然也必须进城，绝大部分不能再固守在乡村之家。在欧美等发达国家，这的确是已经走过的道路。世界其他国家是不是也会必然走上这一道路呢？

从西方的历史看，工业化所开启的现代化在英国所走的道路就是"羊吃人"之路。农民因为破产，无奈只能进城，农村的大量耕地被新兴资产阶级用来养羊以支持毛纺织业；两极分化的农村，才产生了新型的城乡关系。

伴随着工业革命的发生，有的国家走上了殖民主义道路。在殖民主义时代，美洲、澳洲等地的原住民所拥有的土地几乎全被殖民主义者占有，上千万的原住民几乎被赶尽杀绝。于是，新的资产阶级在殖民地也拥有了巨大的财产，劳动力不足时则通过发起黑人奴隶贸易予以补充。这种血与泪的历史，确实产生了极大的生产力，但自然的结果则是贫富两极分化。

这样两条城市化的道路，在中国要走吗？

从历史基础看，中华文明倡导仁义礼智信、忠孝节义等，融于各个家庭的伦理之中，城乡家庭都是均质化，区域均质化，不存在截然不同的城乡对立。在一定意义上，农村更强调耕读传家、男耕女织，客观上更多地蕴藏着文明的基因。中国古代城市由于战乱而多次受毁，但文明传承不断，是与其文明的传承方式密不可分的。这样的农村，确实不容易破产，很难产生"羊吃人"的现象。

中国更不可能走殖民的道路。中国文化强调人人平等而不是高人一等，因而到海外的华人绝大多数会与当地人民和平相处，融入当地。即使现代的军人参加联合国的维和部队时，还要帮助当地人民学习种植大棚蔬菜的技术。这怎么会产生出殖民行为呢？

在中国这种文化的国度里，不管经济如何发展，都不可能走上彻底消除农村人口而全部进城之路。

从1978年中国实行改革开放到2020年的40多年，中国经济的确经历了高速增长。即使许多深度参与经济发展事业的中国人，也没有想到能够在2019年达到人均GDP 1万美元的水平。那么，在这一历史进程中，城乡关系在如何发展呢？

一个很有意思的现象是，中国社会创造了"农民工"这一特殊的工作群体。在一定的时期，进城务工的农民多达两亿以上。这些人离土不离乡，将家庭的房子、承包地、自留地，有的时候甚至是家庭成员特别是妻子与儿女，都留在了乡村，农民自己进城打工。按照传统的理念，这些人必须要经过相当复杂的技术培训，才能够从事许多技术类的职业。但是，中国农民的特殊性在于，他们有着很强的学习能力和吃苦能力，即使没有参加长达几年的专业培训，只要通过自学和较短的培训也能够较快地成为多个行业的熟练技术工人。

在乡村振兴的过程中，这些在外打工的农民工，又开始了返乡的行动。由于相当多的农民工无法融入城市生活，他们得不到城市户口，子女上学时也无法在所在城市参加高考，再加上许多城市的房价太高，于是，一些"农民工"又开始返乡，成为乡村的专业技术人员并且开发乡村的各项产业。这样，在政府的脱贫攻坚和乡村振兴战略的大背景下，城乡之间的均质化呈现出了新的趋势。

中国农民工的历史创造性，在现代化进程中的特殊作用是相当突出的。他们其实创造了一种新的城乡关系，建立了城乡之间的新平衡。在这种格局中，运用多种要素的综合促进，农村自身的生活条件可以得到持续改善从而不断地加速城镇化进程，而不是通过农村的衰落才将农村人口集中到城市之中。这是农村内在的城镇化，而不是简单的城市扩大化。

中国的脱贫经验无疑开拓出了一条新的现代化、城镇化道路，极大地丰富了发展经济学的理论。这是城市与农村均衡发展的模式，也是在不消灭小农的条件下实现乡村生产生活条件现代化的成功案例。当然，这样的发展态势，也在开辟着独特的经济与社会发展的方向。

从更宏观的层面看，中国的市场结构与西方经济学中的市场结构的确很不一样。中国的广大农民半耕半工，实现丰衣足食。农民的食品消费很大部分并不是来自市场而是来自自家的田地。这样的生产与生活方式，确实还需要进行理论与实践结合式的进一步阐发。

消除贫困：行政杠杆的作用

在消除贫困的社会进程中，有一个基本的概念是需要澄清的，这个概念就是关于政府的职能即行政杠杆的作用问题。

中国的脱贫攻坚实践表明，在中国的社会环境中，需要政府、市场和社会的多重作用，才能有效地解决贫困问题。有效地运用政府杠杆，才会使得各项社会要素的活力得到充分激发。

很有意思的是，在彻底改变生产生活条件包括在农村由政府修建公共厕所等基础设施和系统建立社会救助、社会福利和社会保险制度的同时，政府向每个贫困村派驻一名"第一书记"。这个职位往往来自县级以上的政府机关，他们到村中长期居住，每天与村民生活在一起，与村庄中的党支部、村委会一起工作，客观上属于上级的特派专员，其主要职责就是提升乡村的脱贫攻坚的行动能力。

在自上而下加强指导力量的同时，政府又采取东部地区对口扶贫西部地区的政策，即一个省对一个地区或者几个县进行直接帮扶。这又是中国的一大特色。比如，处于沿海的福建省对口支援宁夏回族自治区，福建省就要派官员、专家，直接到宁夏进入政府体制中担任副市长、副县长等职务，调度一定的资金与技术到宁夏，还要组织多种类型的培训，直接建立起一定的项目，如工厂、学校、医院等，有的时候，甚至要把宁夏的一些农产品直接销售到福建。这样的支援，完全是一种立体性的扶贫，不是简单地捐赠资金与物资。北京、天津、上海、江苏、浙江、广东等地，都有对口支援的任务，这就形成一种十分奇特的社会性网络。

脱贫攻坚的对口支援任务相当广泛。中央和省的各个单位，包括国有企业在内，几乎都有对口扶贫的任务。以民政部为例，其主要任务就是支援江西省的几个县。甚至《人民日报》《光明日报》等单位，都有支援贫困地区的任务。这是又一种类型的扶贫社会网络。

民营企业也被动员了起来。在国家的层面上，在中共中央统战部和全国工商联的统一组织下，建立光彩事业促进会，开展针对贫困地区的万企帮万村活动，通过这个平台，不少企业将项目带入乡村，激活了市场要素。

就连公益慈善组织和社会组织，包括红十字会、共产主义青年团、妇联和工会等，也都加入到了扶贫的行列。这里所拓展出的社会纽带，有着更为广泛的社会影响力。

中国的体制与传统是相当独特的。早在几千年前，其所崇拜的英雄事迹就是大禹治水。历史清楚地记载着，大禹有着崇高的奉献精神，面对华夏大地的滔天洪水，他率领各方力量，通过13年艰苦卓绝的努力，三过家门而不入，终于疏通河道，改善水系，使洪水得到有效治理。在中国的土地上，由于受季风气候的影响，经常会出现洪涝、干旱灾害；再加上欧亚地震带、太平洋地震带、喜马拉雅地震带的交叉作用，使得地震灾害也经常发生。应对巨大的自然灾害，特别需要统一的政府组织，还要求其承担灾害救助即防灾赈灾的基本职能。也许，政府为必要之善，正是立足于其救灾之必需。

同时，中国社会从有文字开始就强调民本主义。民为邦本，不分贵贱，民生政府的理念，在中国十分牢固。不仅是灾害救助，包括防疫治病、对鳏寡孤独者的照料、教育与文化建设、社会伦理的倡导、社会治安的维护等，都是政府的必要职责。中国古代东汉时期著名的医学家张仲景撰写有《伤寒论》，他被人称为"医圣"。据传说，在他担任长沙太守期间，针对当时传染力极强的伤寒病，他不仅制作药品，广泛分发，还居然把太守办公的大堂变成了为百姓看病的场所，自己直接在办公桌前为人看病。中国古代官员所发挥的作用，由此可见一斑。

也要看到，真正的扶贫工程，需要多年持续不断的努力，这就需要稳定的政府机制，而不能是一些国家轮流执政的短期行为。在这方面，中国共产党的长期执政，为脱贫攻坚提供了基本的政治保障。况且，在中国历史上，维持国家的大一统的格局，实际上存在着相当发达的行政权、监察权和军事权，而统驭这些权力的往往是一个特别的权力，现代社会一般称之为领导权。与此同时，官员位置的取得，需要经过科举制度的严格考试，需要优中选优，官员的晋升还需要一定的品德与功绩，人们通常称为贤能政治。这种严格的选任与考核制度，与稳定的政府机制紧密结合，强调选贤任能，也是中国社会的重要特色。其对于贫困问题的管理，当然会有其特别的逻辑！

体制性财富的发掘

透析中国脱贫攻坚的经验，可以发现一种新的财富，这就是体制性财富。从这里，也许可以进一步发现中国经济起飞的一些秘密。

什么是财富？人们一般认为财富就是金钱，更为学术性的说法则认为财富是由那些可以产生源源不断的收入的资产如土地或机器构成的，财富存在于资源之中。另外，人们也强调精神的作用，认为经济活动过程中的思想和精神的质量，是一种更为重要的财富，甚至认为正是资本主义精神的产生，才促成了资本主义的兴起。人们还讨论制度的优越性，认为能够激发劳动积极性和创造性的制度才会更好地创造财富，但相应的理念则是认为私有制才能激发劳动积极性，个人主义才能提高效率。

当善经济日益深入商业逻辑的时候，人们突然发现，劳动积极性的激发，并不一定就只是为了个人的金钱收入。在反击侵略者的战争中，有的人牺牲了自己的生命，他们毫无畏惧，这怎么能够用私有制的理念来解释呢？

在中国的文化中，邻里互助、"一方有难，八方支援"，被认为是自然而然的社会伦理，这里盛行的并不是个人主义的原则。许多产权理论，对这样的公共行为是无法解释的。

如果依赖于产权的精细计算，那么在 2008 年汶川地震救灾中产生的"一省对一县"的对口支援和恢复重建机制是无法进行设计和实施的。因为，一个省或直辖市政府要拿出几十亿元来无偿支援另一个省的一个县，还要派人去协助建设各类基础设施，改善当地人民的生活，承担起多方面的建设责任，这种政府和社会行为，即使在其他国家所实行的计划经济体制下，也是无法想象的。

对于这种现象，往往有人认为是不计成本的浪费，还是要精打细算，反复论证，才会更为合理。但是，中国的对口支援体制，是不是让承担支援的地方受到了重大损失？现在看来，恰恰相反，因为汶川实际的恢复重建是在两年时间内完成的，灾区通过快速恢复基本生活秩序而焕发出来的生机，恰恰又给予援建地区以鼓励。2020 年新冠肺炎疫情暴发之初，中央政府又一次实施"一省包一市"政策，结果也是促成湖北迅速摆脱疫情的压力并恢复正常生活，同样给予全国以更大的鼓励。脱贫攻坚更是这样，大家集中一定的财力、人力和各类资源，快速地消除区域性的贫困，使得各个地区较为均衡地发展，同样产生了更为明显的因共同富裕而互相激励的社会效果。

在总体协调下开展的各个地方互相支援的体制，客观结果是每个地方都有收获，共同创造出了新的财富，完全摆脱了零和博弈的困境。这样的体制所创造出来的财富，我们只能称之为体制性财富。

也许有人会问，北京、上海等地，支援外地甚多，直接的回报是什么？

其实，一个富裕地区对于外地的支援，首先焕发出来的是本地的公共精神特别是社会凝聚力的发扬光大，这本身就是一种巨大的社会资源。而在支援过程中所再创造出的社会纽带，也会对富裕地方的经济与社会发展产生更为广泛和深入的社会影响。

体制性财富的创造最基本的逻辑是：我为人人，人人为我。这样的财富，实际上是一种相当独特的社会文明的产物。这一文明所秉承的发展理念，不是通过两极分化的办法，促成城乡分化、贫富分化，然后制造出资本拥有者与体力拥有者的对立，不使贫困者到走投无路之时就施以援手，使之不会因彻底破产而衣食无着。

当然，人们都知道，这样一种文明，恰恰与迫使贫富不断分化从而产生出巨富者与无产者的机制截然对立。因为，不使人民流离失所，又怎能产生无产阶级？而没有无产阶级，资本从哪里能够得到源源不断的产业大军？

体制的创新，在中国乡村振兴的进程中又有了进一步的发展。按照通常的理念，所有制、所有权都要严格规范，界限清晰。产权交易，也要受到严格的法律规范。但是，在中国农村，对于耕地的流转，却创造了所有权、经营权（承包权）、使用权三权分离的办法来推进，一般称之为"三权分置"。较为规范的法律语言表达即依法应当实行家庭承包的耕地、林地、草地以外的其他农村土地，集体经济组织可以直接组织经营或者依法实行承包经营，也可以依法采取土地经营权出租、入股等方式经营。体制的改革空间之大，由此可见一斑。

历史确实是螺旋式发展！生产力的高度发达所促成的共同富裕趋势，在特别的文化与体制优势的作用下，使得两极分化的发展道路被迅速地抛弃！从这个意义上说，共同富裕之道，恰恰是善经济最为和谐的发展之路。中国脱贫攻坚的社会实践，可以作为最有说服力的参照并应该创新发展经济学的理论！

社会创新：善经济的加速器

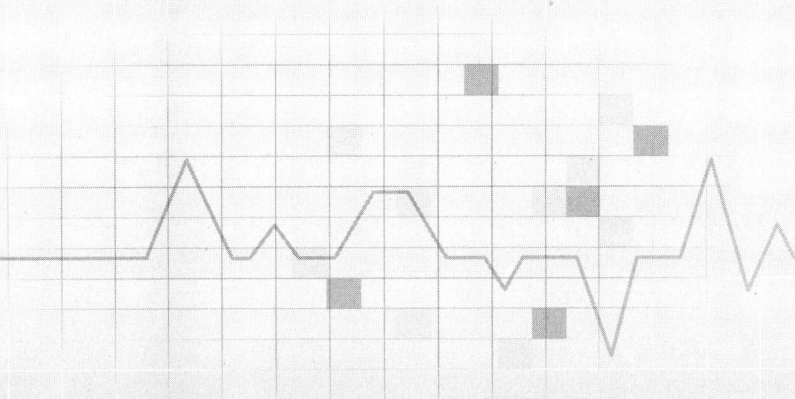

万物互联互通，同样适用于善经济的结构。善经济作为提升性的经济创新，尤其是作为社会价值所产生的推动力，一方面，它必然会促成广泛的文化创新、社会伦理创新甚至是人类活动方式与治理方式的创新；而在另一方面，它也需要巨大的社会创新来配合和支撑。从一定意义上说，只有社会创新领域取得较大的进展，善经济的发展才会得到系统的支持和拓展，社会创新客观上是善经济的核心加速器。

　　进入21世纪第二个10年的人类社会，的确呈现出社会创新日益加强的趋势，人类生产方式和生活方式的交织互动，促使人类的经济与社会结构正在发生着深刻的变化！

善经济创造的多元公共需求

社会创新，一般主要是指社会力量通过与过去不尽相同甚至完全不同的方式或体制来促进社会问题的解决，改善某一特殊困难人群的生活条件或生存状况的行动。

经典的定义主要是从数学模型的角度来进行分析，认为创新就是要创建一种新的生产函数，从全新的角度对生产要素或生产条件实现新的组合，也就是要建立起新的函数式，运用同样的资源而得到明显超出其他函数的得数。这种函数的比喻，是一个十分形象的描述！

善经济的创新，是从哪些方面改变了传统经济学的函数式呢？最主要的是，它改变了追求利润最大化中"利润"的定义，这个新的利润，不仅仅是金钱，而是更多更高的社会价值。这就促成了原有的成本、价格的定义和生产机制发生了极大的变化。

传统的赚取更多金钱的办法是降低成本或者提高价格，不用考虑环境是否遭受污染，也不用考虑工人的生产与生活条件等，这样的数学模型不算太复杂，完全可以简化为供求曲线。所以，一家企业完全可以购买一块需要开发的土地但完全不做开发，等到土地价格飙升后随即转让土地，以此挣得丰厚的金钱回报。也可以想方设法使工人每天工作到晚上 9 点，每周工作 6 天，从而出现"996"的现象。但是，一旦从国家与社会的利益出发，这样的商业行为就不可能得到认可了。因为，这里有一个更大的数学函数，那就是，一旦公共利益得不到发展，贫富差距过大，员工健康受损，整个社会就会出现塌陷。

善经济所追求的利润是一种利义兼而有之、企业与社会共赢的产品。它把公共利益引入生产的过程，并促使其改变了原来的被动功能而转化为在解决社会问题的同时也具备得到利润回报的积极功能。

善经济结构中的社会创新促使社会价值开始具有经济价值。过去，如果没有资金，怎么可能进行基础设施尤其是公共福利设施的建设？文化、艺术、科技、教育等设施建设，都需要大量的资金投入，这只有政府才能兴建，企业和个人的力量十分有限。但是,当政府、企业与个人和社会组织的目标一致、利益一致,大家通过良性的机制而实现的是共赢、多赢,这种社会函数的变化,自然会产生完全不同的社会利润!

在善经济的条件下,文化、艺术与体育、教育等各项社会事业的社会价值可以得到更好实现,随着人们生活水平的提升,美学知识将更为普及从而使得善与美结合得日益紧密。而在乡村振兴的大潮中,社会价值投资的拓展与科技向善、商业向善、金融向善趋势的加强,也会使得传统的产业焕发出新的生机,从而拓展出更为多元的发展方向。

社会要素加入发展进程,也会使得社会创新更为多元化。比如,在社会创新过程中,不同国家会有十分不同的社会要素,它们都要作用于经济与社会发展的过程。仅以慈善项目为例,中国的慈善人士通过实践发现,与其他国家的文化传统不同,在中国就不容易做食品银行即向贫困人口提供食品的项目,而中国政府的最低生活保障制度也不像有的国家那样以使用食品券到市场换取食品为主。这主要是因为中国的文化传统与生活习惯不那么适合大规模的食品银行的办法。一旦进入常态化时期,人们会更多地居家安排生活,或者通过政府的基本救济与社会组织和邻里互助的办法来保障生活。也许,这与中国人更多地习惯通过储蓄即消费过去的积累而不是通过信用借贷即消费将来的生活方式有关。

各个国家和地区,存在着不同的文化与社会传统,如果能够将这些纳入社会创新进程之中,就会使得社会创新更为扎实地植根于民族沃土并呈现出千姿百态的格局。许多古老的传统,可能大量地蕴藏着十分有价值的社会要素。而一旦将这些社会要素进行深度开发,将会产生出更为丰富的公共产品从而促成经济与社会生活的进一步丰富多彩。

美好生活建设:将艺术美融入平常家

社会创新的一大广泛行动,就是艺术振兴经济特别是促进乡村与城镇的复兴,使得艺术之美融入人民生活,推动美好生活建设。

　　谈到美，中国很早就对美有着独特的认识。天人合一的理念，是以太极、阴阳、八卦、五行、道等为基本概念的认知逻辑，是以仁义礼智信为核心的道德体系，交相融合，形成的中华文明独有的自然美、道德美、社会美、行为美高度复合的美学观。人们很早就讨论"五味""五色""五声"的美以及美与善的关系问题。孔子则是开创性地解释了美与善的关系、审美与艺术的社会作用等，他把外在形式的美称为"文"，把内在道德的善称为"质"，认为文、质应该内在统一，外在形式的美使人感官愉悦，只有与善统一起来才会具有真正的价值。

　　在《礼记·乐记》中，就明确写道：乐者，天地之和也；礼者，天地之序也；和，故百物皆化；序，故群物皆别；乐由天作，礼以地制；乐必发于声音，形于动静，人之道也；声音、动静，性术之变，尽于此矣！《荀子·乐论》更进一步认为，乐者，圣人之所乐也，而可以善民心，其感人深，其移风易俗，故先王导之以礼乐而民和睦。可以说，这些对于音乐本质及其社会功能的讨论，至今仍然有一定的现实意义。

　　中华文明，更深入人心的传统则是"耕读传家"。在中国农村许多古旧住宅的匾额上，很容易见到颂扬耕读文化的字样，耕读传统可谓流传广泛，深入民心。这主要是由中国特殊的社会结构与文化传统所决定的。中国社会没有把劳动与诗书的研修截然分开，而是浑然一体。所谓耕读传家，就是既学做人，又学谋生。耕田可以事农桑，丰五谷，自给自足，以立性命。读书可以知诗书，达礼义，修身养性，以立高德。包括历史上很有名的诗人陶渊明，也是把劳动作为很有美学意义的活动来描述，"采菊东篱下，悠然见南山"，就是诗情画意的劳动。中国的美学，自有其独特的价值。

　　《诗经》里面有许多歌颂劳动的篇章，也是在阐发劳动的美学意义。劳动人民和贵族文人都将劳动作为喜悦之事来看待的现象，在人类文明发展史上是相当罕见的。即使在采茶、拉纤等劳动中，都会创作出优美的歌舞，来抒发人们的快意。而在许多其他文明中，则是把劳动当作负担，很少把这些关于劳动的诗歌作为经典看待。由此可见，中国可能没有存在过西方那种典型的奴隶社会，奴隶劳动从来就不是主要的生产方式。中华文明的重要基因之一就是农耕劳作、研修诗书、人人平等。

中国传统意义上的美好生活，实际上贯穿着一种辛勤劳作的价值。这种生活之美，甚至渗透到日常的生活包括对菜肴的色、香、味的讲究。农家做面食也要讲究手艺。如果好吃懒做，五谷不分，那是会被人鄙视的。

在近现代，美和艺术日益密切相关，因而人们往往认为美主要是与艺术家有关。其实，就哲学意义上讲，美更多的是与理念和道德有着内在的关系。在德国古典哲学家康德和黑格尔那里，就产生了更系统的哲学美学体系。

康德在《判断力批判》一书中把美与崇高联系在一起，认为两者都令人喜欢，但两者都不以感官的规定性来判断，也不以逻辑的规定性来判断，而是以反思性的判断为前提；而审美取决于鉴赏力，鉴赏从根本上说就是对道德理念的感性化的评判能力，培养鉴赏力的真正入门方法就是发展道德理念和培养道德情感。正是这个原因，在真善美的序列中人们往往把美放在最高等级！

黑格尔的《美学》则是把美定义为理念的感性显现，并区分了自然美和艺术美，将艺术划分为象征型艺术、古典型艺术、浪漫型艺术，又对建筑艺术、雕刻艺术与绘画、音乐、诗等浪漫型艺术进行了深度分析。他认为艺术美高于自然，因为艺术美是由心灵产生和再生的美，只有心灵才涵盖一切，所以一切美只有在涉及心灵这一较高境界并且由这一较高境界产生时，才真正是美的。

在欧洲历史上，文艺复兴就伴随着美学的光大，继而兴起了启蒙运动和工业革命。而到了现代，伴随着生产力的日益发达，在欧美多个国家，艺术已经与生产和生活深度融合，甚至兴起了大地艺术的潮流，通过大地艺术实现乡村与城镇复兴。在日本，以福武总一郎、北川富郎等为代表的慈善家、艺术家在20世纪后半期即开始推动濑户内海荒岛的艺术活化运动，从而在世界范围内产生了广泛的影响。

在善经济时代，最重要的美好生活的建设，就是要在基本生活达到小康的基础上，不断提升生活质量和文化与道德水准。那么，如何做到将有如此深刻的哲学思辨意义的美学与伦理道德建设化为寻常百姓的生活？社会创新在这个领域确实开辟了广阔的发展前景。

生活往往能够展示出人们对于美好向往的多个侧面。在中国，城市广场舞的兴起，实际上反映了社会对于大众音乐需求的提升。而摄影爱好者的日益增多，也说明人们欣赏水平的提升和交流方式的拓展。农民工的返乡潮，也在一定程度上展现出城乡均质化发展的势头。在乡村脱贫攻坚进程中各项基础设施建设与乡村生活与生产条件的全面改善，则更是美好生活的直接表现。

就民间的创新性而言，世界范围内兴起的大地艺术，是最为直观的促成现代艺术与人类生活条件和生产条件相结合的形象表现。将艺术品直接建筑在大地之上，有的直接建设于农田之中，就使得现代艺术进入人们生产与生活的环境之中，人们通过耳濡目染，陶冶情操，自然会对于美有更为切身的感受。而建筑设计的艺术化，更是艺术与经济建设结合的直观体现。

从美好生活建设开始的人们对于美好的思考，尤其是人们对什么是美的评论与体验，无疑是整个社会鉴赏水平快速提升、社会创新能力全面提升的社会基础。

绿水青山就是金山银山：人与自然和谐之善

绿水青山为什么就是金山银山？这是关系到社会创新的一项基本逻辑，也是涉及人与自然相处之道的重要原则。

绿水青山，直接理解，就是要保护自然，不能污染与破坏自然。应对气候变化的一个重要措施就是要减少污染，从而使环境宜居，促进人类的健康。这样的政策与措施，毫无疑问就是金山银山，因为再多的钱也买不到健康。人均寿命的不断延长，就是环境与生活质量不断改善的重要结果。这就需要尊重自然，热爱自然，保护自然，人与自然和谐相处。

中国的传统文化认为大自然是有意志的。如果不能善待自然，自然对于人类将会施以多种方式的报复！在较短的时期内，大自然的意志往往是人们觉察不到的。从更长期的视角看，人类受到自然的约束，还要根据自然的变化而不断调整自身。所谓适者生存，首先就是要适应大自然的变化。气候变化就是自然意志的一种表现，当然也包括地震、火山等自然灾害，甚至有的疫情也许就是自然意志的特别表达。

中国文化传统中有一个基本理念，就是天人合一、尊天敬祖，甚至更多地强调"天意"，认为人做事要服从"天理"。这个天，既有人格化的含义，同时也包含着对于自然的敬畏。在《礼记·乐记》中就阐述了这样的理念："天地相荡，鼓之以雷霆，奋之以风雨，动之以四时，暖之以日月，而百化兴焉。"中华文明的基本生活方式和生产方式，大体上均是天人合一性的范式。比如，中国古代由于没有塑料，绝大部分生活垃圾被当作了肥料，人体排泄物就是很好的肥料。中国古代上百万人口的城市能够持续地繁荣，其处理城市垃圾的方式是需要研究的。而节气的发明，即包括立春、谷雨、立夏、立秋、立冬在内的二十四节气，更是将生产与生活方式融为一体，是一种更为广泛而深化的天人合一行为。

西方社会特别提出了资源有限性的概念。罗马俱乐部在 1972 年即发表了《增长的极限》，认为经济的发展是由人口增长、工业发展、环境污染、粮食生产和资源消耗五个因素的互动影响所决定的；人口的倍增就会引起对粮食需求的倍增，而经济的增长也会使自然资源消耗的速度与环境污染的程度加深；技术进步只能延长资源消耗的过程从而推迟但绝不能制止世界末日的来临；要使世界免于崩溃，就必须实行双停止，即停止人口增长、停止工业资本增长，也就是要使人口和经济在零增长下达到全球均衡。这些理念产生了广泛的影响。

与停止发展以求得经济发展均衡的看法不同，绿水青山就是金山银山的理念则是要求更好地发展，是强调发展方式的转变。它的基本含义是，人类应该在与大自然和谐相处的过程中求得不断的发展和进步，这是一种绿色发展方式。中华民族之所以能够创造几千年不断的发展历史，从经济与政治和社会生活的整体模型看，归根结底，就是一种可持续发展的模式。

从更为广泛的意义上说，要把绿水青山作为金山银山，就是要对工业革命以来的人类生产方式与生活方式实施重大调整。在这里，最为关键的是要开发新的能源，使得人类的生产和生活条件发生重大转型。而从工业革命所依赖的煤炭、石油这些化石能源向太阳能、风能、水能等能源的转换，客观上也需要知识体系的转型，需要更多的发现与发明。

站在历史长河中看，工业革命距今只有几百年，在更长的历史进程中，人类在没有化石能源的条件下仅有文字记载的历史就有几千年，还利用其他能源兴建了金字塔、长城、都江堰等巨大的工程。当时所使用的工具与能源，恐怕绝不只是人力，其对机械的使用、能源的开发，都有不同的模式。这些历史性的工程，应该给我们以启发。

绿水青山转化为金山银山的具体途径，自然要着眼于对于历史的传承与创新。将工业革命与更为古老的文明互补并拓展创新，才会实现在新的社会基础上的创造性转化，而其实质就是要在创造公共产品的同时再创造出大众能够消费和购买的物质、精神与文化产品。也就是说，需要开发出与自然为善并参与市场交易的丰富的商品。

中国农耕文明的悠久历史与乡村振兴的经验表明，以乡村为本的青山绿水中确实有着丰富的资源可供开发：

首要的是有特色的农副产品，包括粮食、水果、蔬菜、肉蛋奶等，在这方面，绿水青山之地有着特别的优势。无污染、有机肥料等，是乡村的天然优势。而环保、有机的种植业与养殖业，更是中国乡村的自然传统。《吕氏春秋·审时》中就有"夫稼，为之者人也，生之者地也，养之者天也"的天人合一性农学理论阐述；而《齐民要术·种谷》更进一步阐发了"顺天时，量地利，则用力少而成功多"的道理。中国历史上的农学著作与系统的精耕细作实践，就是一座巨大的宝库，如果从理论与实践的结合上运用现代科技进行开发，完全可以转化为更大的社会财富。

乡村中有大量的特色美食，说明各个地方有相当丰富的食品加工的手艺与技巧。这些有特色的食品本身就是很好的产品，其加工的手艺当然是相当纯熟的各类技师与工匠才能具备的，这本身就是乡村所特有的资源。由此也可以理解，与农奴制度下的农奴不同，中国农民在一定意义上是高度熟练的传统农业技术工人。

乡村所生产的纯木制、竹制的各类生活用品，编织与手工纺织类的产品，同样是相当宝贵的资源。以农业为本的产业，实际上离不开一定的手工业，比如铁器的制作与应用、建房修屋、各类劳动工具的制造与修理等。在这些方面，农村积累了丰富的经验，如果将许多产品用于城市，会更有品位、更优雅。

中草药，是中国青山绿水的特别产品。神农尝百草，是古老中华文明的历史典范。而中华文明之所以能够延续五千年之久，其中一个原因，就是其有着十分发达的中草药与中医体系。《神农本草经》《黄帝内经》《本草纲目》等著作中所记载并阐发的中草药的分类与使用和相应的医疗体系，正是根植于山乡之中，生生不灭，守护中华民族的健康。对中草药的深度开发并使其再放异彩，还只是刚刚开始。

乡村中美丽的自然风光，绿水青山的宜人景色，更是陶冶情趣的良好处所。在摆脱绝对贫困之后的乡村，将是更为宜居并且是大健康产业发展的最为优良的基地。

在文化与传统和礼仪方面，乡村也自有其优势。丰富多样的与劳动密切相关的歌舞，展现了乡村人民的勤劳、勇敢与智慧。尊天敬祖、忠孝节义的传统，也是在乡村得到更好的传承。

进一步讲，中华文明的传统与智慧，耕读传家的悠久传统，都在乡村之中有着深厚的土壤。家国情怀的渊薮，自然根植于乡村。对仁义礼智信的恪守，守望相助、邻里互助的善良美德，都在青山绿水之中得到更好的弘扬。

可以说，绿水青山，正是社会创新的主战场。青山绿水向金山银山的转变，恰恰为社会创新开辟出广阔的发展空间。

科技向善：用科学技术广泛改善民生

科技向善，已经成为科技界尤其是中国信息技术产业特别是互联网企业的一个共识。那么，为什么科技一定要向善？科技向善的基本路径又有哪些呢？

科学与技术，简称科技。二者既密切联系，又有重大区别。人们通常认为，科学的功能是解决理论问题，技术则是要解决实际问题。科学的任务是发现自然界中确凿的事实与现象之间的关系，并建立理论把事实与现象联系起来；而技术的任务就是把科学的成果应用到实践中去解决各类问题。科学往往是提出各类假说并随之进行多项证明。因而科学的重点是发现，而技术的重点则是发明，是根据一定的自然科学原理和生产实践经验，为某一实际目的而协同组成的各种工具、设备、技术和工艺体系。

科学技术是第一生产力，已经成为国际社会的共识。因为随着现代科技发展的突飞猛进，社会生产力的发展和人类文明的提升开始具有更为广阔的空间，高新技术及其产业已经成为当代各国经济发展的龙头产业，从而为人类创造了巨大的物质财富和精神财富。以5G为代表的通信技术的发明，就是一个相当典型的案例。

科学与技术之间的关系日益紧密。从技术与科学分离到科学与技术的精密结合，使得科学的基础研究与技术的应用开发之间的时间大大缩短，从而导致自动化、计算机、通信技术等实现从科技到产业化的迅速转化。

国际社会流行的理念认为，以信息技术为中心的当代科技革命在全球的蓬勃兴起，标志着人类从工业社会向信息社会的历史性跨越。在这样的时代，信息技术向数字化、高速化、网络化、集成化和智能化的迅速发展及其广泛应用，引导着众多高新技术领域深刻变革，从而带动各项产业的巨大提升。

从更广泛的意义上讲，科技进步所促成的经济与社会提升本身是有利的。但是，也要看到，一定领域科技的发展，需要与一定的社会伦理相结合。这就是说，在这些领域的进步，究竟是善还是不善，对于人类社会究竟会产生积极还是消极影响，还有待于探索与调整。

科技向善，已经成为一个潮流。从现实的趋势看，较为普遍的项目包括：

科技参与新冠肺炎疫情的应对。例如，行程卡、健康码等信息化技术的广泛运用。

信息技术更为广泛地应用于车票购买与使用，使人们出行更为便捷。比如，在中国，人们只要凭身份证，就可以乘高铁和动车，车票只剩下了作为报销凭证的功能。

信息技术产生的功能，使得人们只要有一部手机就可以购买各类产品。现金交易正在从日常生活中减退。有的地方甚至不太欢迎现金支付，相关部门只好下发文件要求不能拒绝现金支付。这种现象，在过去是很难想象的。

机器人也广泛运用于各个生产和运送环节，甚至炒菜也开始使用起了机器人。

运用科技的发现与发明来改变生态的项目也开始出现，如不使用水的马桶，也正在被设计出来并进入试验过程。

科技甚至开始改变人们的学习、研究、工作和生活方式。人们运用各类软件，就可以通畅地进行远程教育、居家办公、网络会议等。许多文献资料的检索，过去需要几个月时间的工作，现在完全可能会在几分钟之内完成。在软件的开发、使用与普及方面，各个国家之间已经展开日益激烈的竞争并实现着多个领域的创新。

有的科技产品也被运用于捐赠与互助的项目之中，比如一些募捐平台可以服务于捐赠者和受助者，产生了良好的社会效果。

科技向善，更多地改变人类的生产方式与生活方式，在这方面，还有着巨大的提升空间。

社会价值的投资与创新

社会价值，往往被称为社会影响力投资，这是社会创新的一个重要领域。

在经济学上，社会价值又被称为"市场价值"，区别于"个别价值"。一个部门或某一特定的行业所生产的商品的平均价值就是社会价值，它由该部门或行业内部各个生产者所生产的商品的个别价值的加权平均数来决定。

后来，人们又将经济价值、工具价值、个体价值与社会价值联系起来，赋予社会价值更为广泛的意义。人们甚至将西方哲学的认识史划分为本体论、认识论、社会价值论这样几个阶段，最新的阶段是把社会价值作为相对独立的研究对象。这项研究认为，社会就是一种系统的价值存在，既包含有自我、他人、群体、社会主体等多种价值主体，也包括物质、精神、制度、环境等多种价值客体，还有工具、传媒、符号等复杂价值体系。社会价值论的研究对象就是以社会主体为核心的总体社会价值体系，其重点则是着眼于从个体价值到社会价值以及从社会价值到个体价值的过程、机制和结构。由此，社会价值进入了学术性定义与概念的研究阶段。

进入 21 世纪，社会价值更为突出地在经济与社会发展实践过程中显现出来。在社会企业的发展浪潮中，中国社会领域将英文的 Impact Invest 直接翻译为影响力投资或者社会影响力投资，主要是指社会组织运用市场的手段来解决社会问题的现象。在西方发达国家，一开始人们认为市场是万能的，因此应该实行自由竞争；后来欧洲遇上 1848 年的社会动荡，出现了德国俾斯麦的社会福利制度，而美国遭遇 1929 年的大萧条后，人们更进一步认为市场失灵时就需要政府的社会福利制度来弥补。但是，在 20 世纪 70 年代以后，对于社会福利仍然无法解决的社会问题，人们又将原因归结为政府失灵，从而进一步探索新的政策以促成政府更多地购买社会服务；再后来，人们发现社会组织的效率也不尽如人意，于是又认为是社会失灵或社会组织失灵。

如何解决市场失灵、政府失灵、社会组织失灵这种三重失灵现象？人们开始试验通过三结合的创新方式来解决社会问题。比如，如何解决监狱犯人出狱后重复犯罪率较高的问题？英国的社会组织就与政府签订协议，由投资机构向社会组织投资，鼓励其在监狱内开办向社会开放的餐厅但要由犯人参与服务，使犯人尽早接触社会，为出狱后的再就业打下基础。如果试验成功，犯人出狱后的重新犯罪率将大幅度降低，政府因此就要付出一定的资金给予社会组织，投资机构就可以收回投资。人们将类似的投资称为影响力投资。

在影响力投资翻译为中文时，一些人觉得，可能运用社会价值投资的概念更好。因为在中文的话语体系中，影响力似乎只是一种动态性的修饰词而不具有实体的物质性，而社会价值则使人感到更为实在，因而更容易使人明白。这样，一些人就选择了社会价值投资的概念。大体上，影响力投资与社会价值投资，指的是同一类投资，都是要运用市场经济的方法而不是简单地以发放福利的方式来提升社会价值。

社会价值在这里又有了新的含义。它既越出了经济学的最初定义，也越出了伦理与哲学的范畴，但确实在兼有这些含义某些方面的同时又是可以进行投资的对象。

如何进行社会价值的投资？在全球范围内，方法主要有三种：

一是社会企业。这类企业相当古老，就是用企业的办法来直接解决社会问题，如保障残疾人就业等。中国在 20 世纪 80 年代即创办了社会福利企业，其最为典型的企业就是深圳残友集团，这一高科技企业的几万名职工基本上全部是残疾人，他们以"发展社会民生与高新产业互助发展的和谐科技融入现代产业体系"为使命，被社会誉为创业带动就业的典范。许多国家将这类企业直接称为社会企业。

二是小额信贷即普惠金融。国际社会主要以尤努斯教授举办的以贫困妇女为主要贷款对象的孟加拉国乡村银行为榜样，中国政府倡导并在银行系统广泛推进普惠金融，社会组织则主要以中国扶贫基金会所参与投资的中和农信公司为典型。这类投资的担保不是财产而是生活相对困难人口的信誉与自组织体系。

三是对于社会创新项目的风险投资。在这方面的许多项目，更容易受到投资界的青睐。有的投资厕所革命，有的投资垃圾分类，有的投资环境保护，有的投资养老事业等。所有这些投资，最终的主要目标是要营利，同时又要解决社会问题。在这个领域内，人们对社会问题进行了不同的定义，也产生了一定的歧义。人们通常接受的理念是，社会创新所使用的资源集合器与财富放大器主要是以公共财富而不是私人财富为指向。

无论如何，社会价值的开发，最根本的就是要满足弱势和相对弱势的人尚未被满足的需求。各个社会所面临的问题，可能会有很强的历史性与民族性特征，但相对而言，人类还是有许多共同的挑战，人们一般会将老年人、儿童和残疾人的问题以及失业、污染、公共事业受损等作为普遍的社会问题来看待。如果能够通过商业手段在解决这些问题的过程中还能够产生一定的利润，人们就会认为这样的投资很有意义，这就是社会价值投资，或者称之为公益金融。

社会创新模型：非资源要素的再资源化

从事社会创新时，人们也在探索理论模型。这也是工业革命以来世界上一种流行的方法，即先有理论，再开始行动。而在历史更悠久的中国文化传统中，往往信奉知行合一，即先有一定的认识，再开始实践，在实践中再提高认识，然后再来修正实践，把理论与实践作为一个丰富生动的社会过程来推进。这两类社会创新办法，都有其长处，也许可以互相参照与结合并产生出一种新的创新路径。

流行的社会创新理念特别强调，社会创新是"非商业的"，但并不是"反商业的"，而是商业与社会的一种综合型融汇。不少人运用各类模型来分析社会创新包括社会价值投资的既商业又社会的中性定位，这是很有道理的。因为，社会创新就是要打破两个界限，才会释放出新的与成本极不对称的巨大社会与经济效益。这就要有新的资源观，需要把非资源再汇聚成资源，化腐朽为神奇，从而产生出新的更能满足社会需求的产品。

从一定意义上说，社会创新相当于科学家对于物质世界的探索与发现，因为需要发现非资源的资源性。这种发现也是艰苦的探索过程，还需要大量的社会创新家经过不断地反复试验，当然也要经过多次失败，然后才能重新定义新的资源。同时，社会创新家还需要有将资源直接转化为现实项目的本领，他们能够将重新定义的资源进行再开发，实际上是创造新的生产关系和社会关系，然后才能产生出新的生产力。

社会创新家创新生产关系与社会关系的过程，在许多情形下都是同一过程。比如，在中国的乡村振兴进程中，许多社会组织、社会公众人物、政府工作人员等都在自愿为一些特定的贫困村庄代言某一种农产品包括水果、蔬菜和其他各类食品等，这就是一种社会创新活动。因为这样可以促成乡村建立起自有的品牌，提升当地农民从事某项农业的认同感与自豪感，促进当地产品的升级，在为消费者提供安全农产品的同时，大幅度增加当地农民的收入。这当然既是商业活动，又是社会活动，或者说就是社会性的商业活动。而在信息时代，自由软件、开放源代码等，最初只是一种社会运动，人们希望免费使用一定的信息工具，后来被许多企业引入商业模式，结果是在增加公共福利的同时又产生出了经济价值，这属于社会创新促成商业发展的典型。

从更为广阔的视角看，商业、非营利组织与民本主义的政府三个方面可以进行更为积极的社会创新。企业在商业创新中融入慈善的要素，使得商业向善的特征更为突出；非营利组织在社会服务的项目中更多地融入企业的创新，促成社会服务更为可持续，更有活力，从而产生更为广泛的社会效益；而政府的公共服务再融入商业与非营利组织融合式的创新，有可能产生出更有活力的公共产品。

在社会创新的模型中，应当特别关注的是政府职能的再创新。在民本主义的文化环境中，人们认为政府是公共利益的代表。在汉语中有"德不配位"一词，其实反映了每个"位"都要求一定的德来相配的理念。也就是说，官员既要制定适宜的宏观政策，也要以身作则，成为解决社会问题的榜样。在许多地方的管理规范中，每年都要对官员进行德能勤绩几个方面的考核，以促成官员的勤政。这样的要求，自然就会使政府承担起更为广泛的民生职责，因而也会具有更多的社会创新动力，从而更适合政府与企业和非营利组织之间产生更多的合作需求，结果更有可能产生社会创新行动。中国的脱贫攻坚之所以能够产生巨大的社会效果，就是因为其蕴藏着特别的社会创新机制。而中国政府在汶川地震救灾过程中创造"一省对一县"的对口支援与恢复重建机制，在2020年武汉应对新冠肺炎疫情过程中实行"一省包一市"的体制，也都属于社会创新。

社会创新，应当特别注意到社会传统的继承与发扬。人类的历史，就是不断适应自然以与自然共存的历史。为了适应，人们必须从体能、工具、设施与组织等多方面进行多重创新。所谓适者生存，就是说善于适应环境变化才能够具有可持续性并能够长期得到发展。从这个角度看，人们适应自然的过程，其实也是不断创新的过程。许多古老民族长期存在的社会传统，如果在尊重的基础上有意识地加以升华性的开发，也许会产生更有影响力的效果。其实，社会创新只有深深地植根于民族传统的土壤，与既有体制、文化和社会结构紧密地对接，才能够真正具有旺盛的生命力。

善经济发展与社会运行 机制转型的挑战 第九章

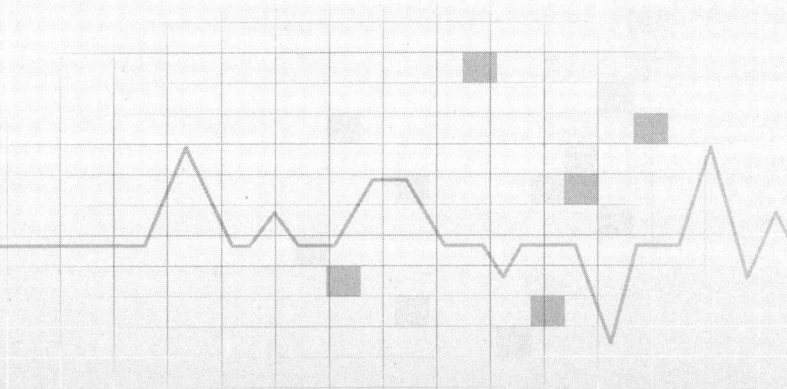

善经济的发展正面临着较为系统的挑战。最为基本的挑战是整个社会对善经济发展的不适应，其主要表现是经济结构和社会理论与机制的不适应。一方面，整个经济较为主导的机制仍然停留在争多与少，争高与低，还是要"卡脖子"，盛行"狼性文化"和"丛林法则"等；另一方面，经济与社会结构在许多环节上还是在运用传统办法来处理各类矛盾。人们对汹涌澎湃的以善经济为内涵的高质量发展大潮，感觉相当陌生！

对好与善的不适应

对好与善的不适应现象，在全世界还相当普遍，这主要是指人们面对新的各类好与善的新事物时显得手足无措。

由于生活质量的提升，在大多数国家，人的寿命普遍延长了。以中国为例，几千年的俗话就是：人活七十古来稀，即进入七十岁，就被称为"古稀之年"。各国普遍将 60 岁定为退休年龄一定程度上反映了人的预期寿命。而进入 21 世纪尤其是 2011 年以后，人们的生活水平迅速提高，开始出现"人活八十不稀奇"的现象，达到了人活 90 岁才是较为稀少的现实情况。也许，再过些年，又会迈上人活九十不稀奇，人活百岁较为稀少的又一台阶。

如果相当多的人 60 岁退休后还会有 20 年到 30 年甚至 40 年以上的岁月，那么，如何安排这么长的时间呢？要做什么呢？显然，全社会并没有为这类高龄人口的生活做好相应的制度准备，更为主要的挑战是高龄人口自身也没有思想准备。

许多人认为退休后是很好的旅游与放松的时间，于是到各个地方乃至全球以多种方式旅游，尽兴体验。但过了几年后，又会去想，也不能旅游几十年。普通的健康老年人，在具备退休保障、医疗保障和多项综合福利的条件下，怎样度过自己退休后的几十年？

在中国，大多数退休人员主动承担起了养育孙辈的任务。他们基本不要子女付费，甚至还要补贴子女，起早贪黑，接送孙辈，做家务，构成了一支特殊的最具奉献精神的家庭服务大军。即使如此，这些老年人之中也有相当多的人希望可以参与公共事务，保持与社会较为通畅的沟通，这自然就需要相应的制度安排和平台支持。在这方面，社会资源的开发还有着极为丰富的空间。也就是说，社会不适应，老年人也不适应。

在发达国家所建立的福利社会中，由于福利水平较高并且在一些方面形成了不协调的制度安排，导致不少地方出现了有人不去积极工作而只是依赖基本福利以维持生活的现象。这也属于对好与善不适应的一种表现。最突出的问题就是：在不劳动也能够生存的条件下，还需要自己劳动吗？而问题则在于，人类财富的维持与增长，还是需要通过劳动才能实现，因此就业年龄段个别人不劳动并享受福利的行为就会受到质疑。

对好与善的不适应，其实已经深入生活的各个层面。在日益发展的市场交易支付方式革命的浪潮中，有的地方甚至出现了拒收现金而只接受使用手机或银行卡付款的现象，相关部门还需要发出正式的文件要求卖方不得拒收现金，这主要是因为有的老年人还不会使用电子支付工具。于是，在许多家庭之中，出现了"反学习"的现象，即儿童与少年开始教父辈与祖辈如何使用新的通信工具和各类家用电器，师生角色发生了反转。

对好与善的不适应也影响到了人们的公益行为。不少人要捐赠款物，还要参与志愿服务，但多项宏观政策和体制则很不适应，出现了捐款的免税额度与渠道不畅和政策缺失的现象。比如有的捐款免税特别是大额捐赠、慈善信托的政策不到位，还不如捐款人自己存款以私人的方式直接向项目捐赠，反而制约了人们的公益热情；还有的老年人向公共部门捐赠房屋也存在着过户手续不便的问题。此外，在大规模志愿服务的组织与专业化程度方面也都还有较大的提升空间。

财富的家族传承，同样遇到了新的挑战。创富一代往往希望自己的子女继承自己的产业与家业，但也有不少的"富二代"拒绝接收产业和家业。最为极端的案例是有一家长偷偷将资金与房产转移到儿子的名下，儿子拒绝接收甚至闹上了法庭。从过去的继承财产到拒绝继承，表明新财富观正在形成，人们该如何适应？

至于经济、商业、科技、教育与文化如何向善等，都需要进行探索。

如何适应好与善所带来的挑战则更具有广泛性、社会性。

饥饿状态人口与经济发展的不平衡

2020年7月，联合国粮农组织联合"农发基金"、联合国儿童基金会、世界粮食计划署以及世界卫生组织发布《2020年世界粮食安全和营养状况报告》，其中特别指出：全球有近 6.9 亿人处于饥饿状态，约占世界总人口的 8.9%。

这一事实表明，世界上的一些地区还没有解决温饱问题，多与少的矛盾还在占据着主导地位。在世界已经进入人均 GDP 1 万美元的时代，依然存在着这样的现象，是需要高度重视的。

多年以来，国际社会不间断地呼吁解决贫困问题，也采取了多项集体性的行动。但是，2020 年与 2021 年新冠肺炎疫情的应对表明，一旦遇到巨大的人类灾难，需要采取哪些集体行动并没有成为国际社会的共识。即使在有的发达国家，贫困问题也没有得到根本性的解决。

善经济的发展，需要特别注意探索新的途径，以解决世界范围内的贫困问题。

现在看来，市场经济并不是解决贫困问题的万应灵丹。本来，社会福利制度尤其是社会保险制度就是市场经济的必要构件。而从更为宏观的角度看，所谓市场经济极为发达条件下的发达国家也有众多的人无家可归并流浪街头，也有人依赖食品券度日。这类发达水平下的贫困问题往往被人们所忽略，舆论甚至用"懒汉"来形容这些贫困人口，从而使得真正的体制性问题被掩盖。甚至有人由于贫困而发生吸毒、抢劫、凶杀等犯罪行为，最终进入监狱受到惩罚，更反映出市场经济的不足确实需要找到更为妥善的弥补办法。因为这种不足将导致人们对市场经济丧失信心，从而造成更大的社会问题。

中等发达水平国家的贫困问题既有发达的市场要素所造成的垄断与两极分化问题，也有因为生产力水平低下而缺乏必要的生产条件来创造财富的问题，还有计划经济与市场经济转型接轨所产生的矛盾问题。况且，各个国家和民族有不同的文化传统与风俗习惯、生活方式。在这样的环境中，可能更需要从不同国家和民族自身的条件出发，来探索多样化的解决贫困问题之道。

而对于完全由于自然环境不适合于人类居住或者天灾所造成的饥荒，则需要人道主义的救援与各类慈善机构的支持及相关政策的扶持。在全球进入善经济发展阶段，这样的人道主义救援与保障机制的建立与健全显得更为紧迫。

无论如何，善经济的第一要务，就是要解决贫困问题，真正使得极端贫困人口能够得到最低生活保障。

在世界范围内从体制上、政策上解决广泛的贫困问题，也许需要各国之间更为广泛与深度的合作，真正形成人类命运共同体的良性运行机制，这是善经济发展的重要任务。

从争多到争好需要新的经济与社会轨道

在善经济阶段，能否沿用过去产生过一定效果的解决多与少的矛盾的办法？

应该说，确实有两个方面的答案。一方面，当然会沿用老的方法。因为对好与更好的竞争体制脱胎于对多与少的竞争体制，必然会受到传统方法的影响。况且，一些老的办法依然有效。比如，在追求社会效益的前提下，还是要计算成本与效益使经济具有可持续性，同时要吃苦耐劳、勇于探索、善于创新，要争当行业的引领者等，这些都是必须继承的。

但是，也要看到另一个方面，就是不少老办法确实不适用了。比如，不择手段地去追求更多的经济效益，留恋好勇斗狠的"狼性文化"，不顾环境污染，不顾职工的基本权益，怎么可能会使经济向善向好呢？

如果在提高效率的要求下，减少成本变成了减少工人工资或者增加工人的工作量，如实施"996工作法"，减少工人休息的时间等，那么这些办法是很难使经济持续向好的。

争多的机制与争好的机制客观上存在着以下矛盾：

第一，是以钱为本还是以人为本。如果完全以钱为本来确定考核指标，那就不会顾及人的成长与社会的长远利益。为了挣取更多的利润，就不会考虑人的生存环境，也不会顾及职工的劳动条件。而如果要以人为本，许多不利于人的发展的项目就不会被开发，就要坚持人与自然的和谐与社会和谐，从而实现经济的可持续发展。

第二，对公共伦理是置之不顾并且不断突破其底线还是不仅坚持而且还要使公共伦理发扬光大。许多公共伦理，其实是人类经过长期实践而传承下来的公共规范，其重要体现是许多社会公德。尽管这些公共伦理也要随着社会的发展而不断调整，但还是有许多相对稳定的方面。经济发展如果与公共伦理发生激烈冲突，最终伤害的必然是经济与社会两个方面。只有实现经济发展与公共伦理的同频共振，才会形成健康的发展机制。

应该说，争多与争好，确实是不那么相同的经济与社会发展轨道，在基本结构中存在着不兼容的方面和本质性的区别。从争多与少向争好与更好的发展，实际上是经济与社会发展的重大转型，也是人类文明发展的一次飞跃。

与人类文明的其他发展阶段的转型不同，争有与没有，争多和少，都是属于单纯的经济范畴，更侧重于量的扩展。而争好与更好，则是超出了经济范畴，与社会要素、文化和伦理等结合了起来。这样的转型客观上更为广泛、更为深刻，因而会有更多方面的矛盾，所有主导者与参与者都需要重新学习。

也要看到，结构性的转型还会产生一定的矛盾与冲突。争多与少，已经形成了惯性，也有相当庞大的基础设施来支持争多与少的竞争。况且，在既定的不平衡发展的格局中，尽管总趋势已经步入争好与更好的发展阶段，但有的地方还没有解决温饱问题，还是在解决有和没有的问题；有的产品还不能完全满足市场的需要因而仍然停留在争多与少的发展过程之中，整个世界的经济图景还是错综复杂的，还呈现出此消彼长的多样性的发展格局。

全球经济从 2011 年到 2021 年人均 GDP 在 11000 美元上下徘徊与停滞的发展状态表明，人从争多与少到争好的转轨并不是那么轻而易举的事情。宏观制度与体制在安排多与少的竞争性发展方面有着多样化的严密的金融与公共管理体系，而如果要转向争好与更好，把经济发展的过程变成良性竞争与展现的过程，还需要在宏观与微观、体制与机制方面进行更多的体系创新性建设。

善知识体系的结构性矛盾

善经济的发展，特别需要善知识体系的有力支撑。所谓善知识，这里重点说的就是关于善经济的知识，包括理念、实践与技能、案例的开发等。

在知识经济时代，知识的结构与质量优劣与否会影响经济发展的结构与质量。如果说，在信息技术高度发达的条件下，科学技术的发现能力与应用范围往往影响着国家的经济发展水平，那么，在善经济发展阶段，仅仅有发达的科学技术是远远不够的，还需要社会价值属性很强的善知识体系。在善知识领域的建构能力与社会接受程度，客观上同样影响着国家经济与社会发展的质量。

善经济具有很强的社会价值，特别需要其能够持续地转化为经济价值，这就需要有系统的枢纽、平台和结点来承担起转化的功能。与科学技术向生产力的转化相比，善知识同样需要较为系统的知识链条，以承载支撑经济发展的社会功能。

应该看到，现实的善知识体系还存在着结构性的矛盾，因而对于善经济的发展还没有形成更为有效的支撑。

善知识体系存在的结构性矛盾的突出表现是，在求真求实的知识体系中，一些新的要件还相当缺乏，这个结构性缺乏包括两个方面：一是缺乏善因，二是缺乏实践。

有一种知识模型主要是强调竞争。这种观念认为，人生来就是自私的。在短缺经济的阶段，这个理论可能有一定道理，但在财富不断增多的条件下，人们为了自己的好而必须努力促成他人的好，其实客观上构成了善的基础。也就是说，经济发展的模式从你死我活的恶性竞争转向体育运动式的和平竞赛。这样，原来所强调的经济的基点就要进行系统的调整，这就需要进行全面的理论解释与说明。

人们强调要在求真的条件下进行知识生产，许多人往往把这个"真知识"转化为伦理性很强的真理、真相，上升为一定的准则，因而特别强调程序正义，并不太注重效果，这样就会缺乏实践性。人们可能会把一种文化所强调的标准套用到另一种文化中去，把文化的交流变成斗争，甚至上升为其他冲突。这种斗争型的知识体系并不适应善经济的发展。因为，善经济强调的是知行合一，实践性很强。如果追求高质量的生活，人们就会不断提升修养，追求和谐，对许多矛盾理解得比较透彻，这就不太会去钻理念的牛角尖。而检验一个理念的正确与否，有一个方法就是进行试验，即通过实践来检验。比如，许多政策是否应该实施，要看其能否解决问题。

静态的知识体系也不适用于善经济的发展，因为善知识体系的内在品格就是互惠互利的公共性。善经济更需要通过学习知识提升创新力。怎么学习知识？怎么生产知识？完全依照标准答案而死记硬背的学习方式是不行的，这就需要在继承的基础上以解决现实问题为中心而不断进行创新，持续地更新知识体系，在经典的基础上拓展出更为丰富多彩的现代实践案例。

善知识也应该有预测和把握现实的功能。如果说，现代经济学有预测功能，将经济周期分为四阶段即繁荣、衰退、萧条、复苏，以便于人们把握经济发展现实趋势的话，那么，善知识也应该有能够对善经济的发展做出分析、判断和预测模型的知识产品。

善知识的生产，归根结底就是社会价值的生产。从整体上看，社会价值具有持续性，许多社会价值的基本理念和内容已经体现为传统、规范、文化习俗与生活习惯。这些内容在新的历史条件下也有传承与发扬的需要。比如，有了互联网，有了手机，改变了人类许多活动方式，社会价值的传承方式就需要进行一定的调整。另外，社会价值自身的一些内容也在不断地变化，有些新的价值在产生，一些传统的社会价值也需要改变一定的形式并适度调整内容而使之保持旺盛的活力。

同样关键的是社会价值向经济价值的转化，特别需要综合型的知识体系。社会价值无所不在，比如，文化与艺术、鉴赏力、审美价值、健康、体育、保护自然、社会伦理、公共道德等，这些社会价值如何与经济结合起来？这确实是一个较大的挑战。不过，在善经济时代，各类经济单位和主体都要不断地调整行为，这就为社会价值的转化提供了广阔的发展空间。

在社会价值引领经济价值的历史进程中，知识生产方式的转型至关重要。这里既需要以善为本的新知识体系，也需要新的知识生产方式，这种生产方式，包括学习、研究、转化、呈现方式和使用方式等，都应该系统地进行不断升级。而这种升级，恰恰是人类社会进步的生动体现。

对立理念的协调：政府是必要的善还是必要的恶？

在东西方文明史上，人们对于善的理解既有一致的地方，也有分歧。这种善的理念性的同一性与矛盾性，在善经济发展进程中也必然会经常性地发生。

至善，是东西方文明都认同的价值观之一，人们都把至善作为道德追求。

《大学》开篇即是"大学之道，在明明德，在亲民，在止于至善"。

柏拉图在《国家篇》第六卷中明确地阐述了至善的理念，认为善是万物追求的目的，每个灵魂都在追求善，把善作为自己全部行动的目标；真理和知识都是美好的，但是善的"型"比它们更美好；善的领地和所作所为具有更高的荣耀。[1]

但是，什么是至善的行为？用什么方法才能达到至善？有不同文化背景的人们有着不同的理解。比如，在慈善方面，有的理念认为帮助陌生人才是慈善，其他行为就不属于慈善；而认为对父母与长辈要孝顺这样的善，肯定是与救助陌生人的善有着不同的标准。在西方，有人建立了以救助陌生人的数量作为慈善的标准来测验各国的方法，每年还要对全世界各国进行排名，结果中国人的名次相当靠后，有的时候可能是倒数第一或第二。但是，如果用百善孝为先的标准来测试，别的国家可能就要排倒数第一了。类似这样的矛盾还有不少。

中西方文化对善的不同理解，还体现在对于政府功能的看法方面。

西方有一种理论认为，政府是必要的恶。在这方面，著名的论著不少，其中心思想是认为政府过度管理经济会造成低效、官僚主义等不良后果，只有市场才是万能的。但是，经济的发展又离不开政府管理，因此只好说政府是必要的恶。

分析这一理论的基本历史依据，就是这类国家的历史较短。在历史长河中，这些国家的不少地方实行领主制，是由大大小小的领主来管理，类似中国西周时期的诸侯国。即使是统一的国家，也缺乏自上而下严密的行政管理组织，更缺乏类似科举制度为依托的官员管理制度。在领主制度下，盛行的是私有制，是领主的自治。一个领主的领地，在其女儿嫁人尤其是嫁给外国君主时是可以作为陪嫁而赠予的。这些地方，在相当长的历史时期中没有也不需要发达的政府组织。因此，私有财产神圣不可侵犯，有其历史传统。立足于这一传

---

① ［古希腊］柏拉图：《柏拉图全集》第 2 卷，王晓朝译，人民出版社 2003 年版，第 501、506 页。

统而产生出自由主义的文化并且视国家为必要的恶的理念是可以理解的。

中国历史上关于大禹治水的记载表明，中华文明的悠久传统则是天下为公，把政府看作社会公器而不是必要的恶。

另一理论认为政府是必要的善，整个社会都要求政府承担起保障民生的职责，奉行民本主义。老百姓如果因为灾难而流离失所，承担第一责任的应该是政府。如果社会贫富分化严重，贫困人口生活困难，政府也要承担相应责任。总之，一旦有天灾人祸发生，人们都自然地认为当地政府要承担责任。

在中国的西周时代，各个诸侯国也都将周天子作为共主并要求其承担起组织协调许多公共事务的职责。况且，由于西周时期的绝大多数诸侯都有着不同程度的血缘关系，诸侯国之间也会开展联合救灾与各类互助活动。而经过春秋战国的过渡到秦汉王朝的统一，领主性的诸侯制度就转化为郡县制度，县级以上的官吏要经中央来统一考核并任命。现在农村实行的是以土地集体所有为基础的农村集体所有制。在这样的体制中，大家逐步形成并日益巩固的共同理念就是"天下为公，家国情怀"，这就不是私有制高于一切，而是国家与社会的利益更重要，与私有制神圣不可侵犯的理念是不同的。

中国之所以会产生这样的理念，有些学者认为是由于治理水患的需要。因为治理水患需要统一协调，需要有一个强大的中央机构来组织。另外，中国境内河流众多，都有程度不同的洪涝灾害，确实需要较为发达的治理水患的行政组织。

东西方由于不同的历史与文化所形成的迥异的政治理念与治理方式，面对善经济的发展时，会产生一些交互性矛盾。如何理解并管理不同文化影响下善经济的发展，还需要一个过程来逐步完善。

从宏观上看，善经济需要更为积极地运用政府的杠杆，需要既注重程序也注重结果，需要深度的文明对话以增进不同民族与国家之间的相互理解。

新冠肺炎疫情冲击与人类社会价值观再塑

由于新冠肺炎疫情的暴发，人类历史进入了一个新的时期。传染性极强并在全球范围内肆虐的新冠病毒，使得各国的社会问题处理能力受到考验。在这样的时期，需要人类社会尤其是各国之间和衷共济，互相帮助，共克难关，而此时出现的通过强力政治在国际社会内划分产品属于哪个"主义"的现象，确实是一种不代表国际社会主流的逆流。但是，有的国家会把商业利益的竞争通过各类手段恶意转化为多种形式的其他矛盾，这就对善经济的发展造成了挑战。

当代国际中的经济、政治和社会矛盾会对善经济发展产生迟滞性影响，人类社会无法回避这个问题。在各国市场日益密切联系的现实环境中，人们完全可以根据自身的感受来体验各类产品的优劣。因为大家都在市场上平等交易，人们的基本价值观还是要比较各类产品是否物美价廉，比较其便捷实用的程度，比较其审美价值等，而不是比较产品附加的其他价值。况且，只是少数国家实行商品政治化，这样的政治化会显得相当生硬，在实践中只会贬低其所使用的政治口号的价值并使其丧失影响力。

不过，在国际社会的交错矛盾中，人们确实需要重新思考经济价值、社会价值与政治价值的关系。在很多时候，政治价值与社会价值有着重合的地方，但是，政治价值与社会价值并不是等同的。甚至社会价值在不同的国家也不尽相同，有的时候还可能是完全对立的。难怪有人会问，人类社会有普世的价值观吗？

确实，即使对善与正义的理解，各个国家、民族和文化之间也会有不同。在这样纷繁复杂的人类社会矛盾中发展善经济，特别需要淡化冲突，需要更多包容，更多地遵循和而不同的理念，以善促善，才能发现并创新更多共同性的社会价值。这实际上是一个人类价值观重塑的过程。

如果从这样的视角对善经济进行反思，人们不难发现，人类其实正在为创造与弘扬新的社会价值体系而做好了对体制与社会深度探索的准备。

从以钱为本向以德为本的转型需要时间

由于社会价值在善经济的发展进程中具有决定性的作用，而社会价值与人们的生活方式和生产方式联系密切，这就决定了善经济的发展必然要经历较长的时日，同时也需要经历较为复杂的过程。

如果经济发展的核心是以钱为本，那么一切事物都会以金钱来计量，钱会成为衡量万事万物的基本尺度。但是，如果社会价值的核心是德，那么万事万物都会以德来衡量，这里主要指公德，同时也包括私德。

从以钱为本到以德为本的转型，需要一个过程，这主要是由生产力尤其是科学技术的发展所决定的。

人们也许会有疑问，不是只要将以钱为本转化为以人为本就可以了吗？为什么非要追求以德为本呢？其实，以人为本，曾经主要针对的命题是以神为本，人与神，这是一个对称的概念。欧洲在中世纪时主要以神为本，所以文艺复兴要强调人文主义精神，强调以人为中心而不是以神为中心，从而解放人们的思想。

中国走的是另一条发展路径。中国也存在着以神为中心的历史时期，但是从西周开始，中国文化就开始强调以人为本而不是以神为本。在中国古老的《尚书·泰誓上》中就明确写道："惟天地万物父母，惟人万物之灵。"中国认识事物的一个基本逻辑就是更多地强调天、地、人三者之间的关系并归纳为三才学说，在这个认知事物的范式中，就没有神的位置。尽管中国文化对天、地都给予了极高的地位，但天与地并不是人格化的神。《易经·说卦》的总结就是："是以立天之道，曰阴与阳；立地之道，曰柔与刚；立人之道，曰仁与义；兼三才而两之，故《易》六画而成卦。"在以天、地、人为三才并认为它们都是由两种相互对立的因素构成的理念的基础上形成的天人合一、与天地和谐相处的人文精神，构成了中国文化的重要组成部分。

当中国进入宋代，在许多科学技术被发明，物质条件比较发达的条件下，出现了"存天理、灭人欲"的主张，认为人的生活还是要服从更高的天理，所以要对人欲进行限制。这里说的人欲，就当时的经济条件而言，应该更多的是指物欲。当然，对人欲的过多限制，有可能会走向极端，限制人们创造性的发挥，这也是需要特别注意的。

中国历史表明，追求以德为本，并不是要否定以人为本，而是以人为本的延伸。也就是说，在以人为本的基础上，究竟是要以钱为本呢，还是要以德为本？这是价值观的再一次选择。在物质日益丰富的经济条件下，人类社会确实面临着又一个转折。

以钱为本，客观上是一种利益谈判机制，随之出现的是系统的交易机制，更需要较为系统的法律体系和社会管理体系。而如果以德为本，就需要公共事业的不断发达，也需要公共道德的不断提升，尤其需要家庭成员、社区成员和社会组织与地区之间真正接受命运共同体的理念，做到亲帮亲、邻帮邻，邻里互助，再依托政府的公共福利与公共服务系统，形成较为完备且周密的社会治理系统。

在社会价值的提升需要公共互动更为密切的时候，整个社会可能会出现一些不适应。在善经济的发展进程中，如何保持一种循序渐进的态势，不断地找到公共道德与私人权利良性互动的结合点，还需要世界范围内的不断探索。

全球社会价值交汇的多元性融通

在分析哲学史即人类思想演进历史的时候，黑格尔提出了这样一个观点：苏格拉底在他的意识中发展了一项积极的东西——善，"善的发现是文化上的一个阶段，善本身就是目的。"[1] 我们应该补充说，善与经济发展密切相关，既是文化史上的一个重要阶段，也是经济发展史上的一个重要阶段。

自从发明原子弹以后，拥有核武器的国家之间已经不再随意发起战争。第二次世界大战以后，热战开始变为"冷战"，战争由热变冷，表明人类发展进入一个新时代。在这样的时代，竟然会出现这样的现象：有的拥有大量核武器的超级国家与多个发达国家的联军，竟然在与一个小国的交战中遭遇失败。这在世界战争史上是极为罕见的现象！这样的事件表明，武器的实力并不绝对是决定胜负的因素。相反，各国之间和平共处，经济与社会治理体系的和平竞赛日益为更多国家所接受。从这个视角看，善经济的发展更多地得益于世界的和平环境。

---

① ［德］黑格尔：《哲学史讲演录》第二卷，贺麟、王太庆译，商务印书馆 2009 年版，第 65 页。

在和平发展的环境中，全球化趋势日益加强，各国在经济、文化等社会领域出现多层面的融通趋势。随着全球市场日益出现，跨国集团、证券交易、信息技术、进出口贸易与留学、移民潮流交相呼应，形成了立体的全球融合态势。

既然是信息技术在促成万物互联的不断加深，国家之间要不要深度互联？社会价值之间要不要深度互联？这是时代面临的一个问题，也确实是人类社会面临的百年未有之大变局。

要想把握这一变局，确实需要新的理论，也需要调整既定的治理体系。其中，最为重要的，可能应该是社会价值多元体系之间的融通。人们需要更为深刻地理解与尊重政治、经济与文化的多元性，在尊重中加深理解，在理解中加深尊重。在尊重与理解中互相学习以达到更高层面的社会创新。在融通中所坚持的原则应是：己所不欲，勿施于人。

面对世界的大变局，有的学者提出需要建构不同思想的通约机制，包括建构全人类不同思想体系之间融合互补的通约机制以及建构适应信息时代要求的普适性思想逻辑工具。[①] 这确实是一个时代的大命题。善经济的发展，需要类似的这一新的路径，才能更为深入地向前推进。

只有在思想体系之间沟通对话，同时发现可供大家合作并用来交流的逻辑工具，才能使多元化的社会价值转化为经济价值，经济价值又持续升华为社会价值的进程不断加速，从而服务于人类文明发展的内在需要。

---

① 饶宗颐：《中外文化钩沉》，商务印书馆 2021 年版，第 3 页。

从善经济到善生活

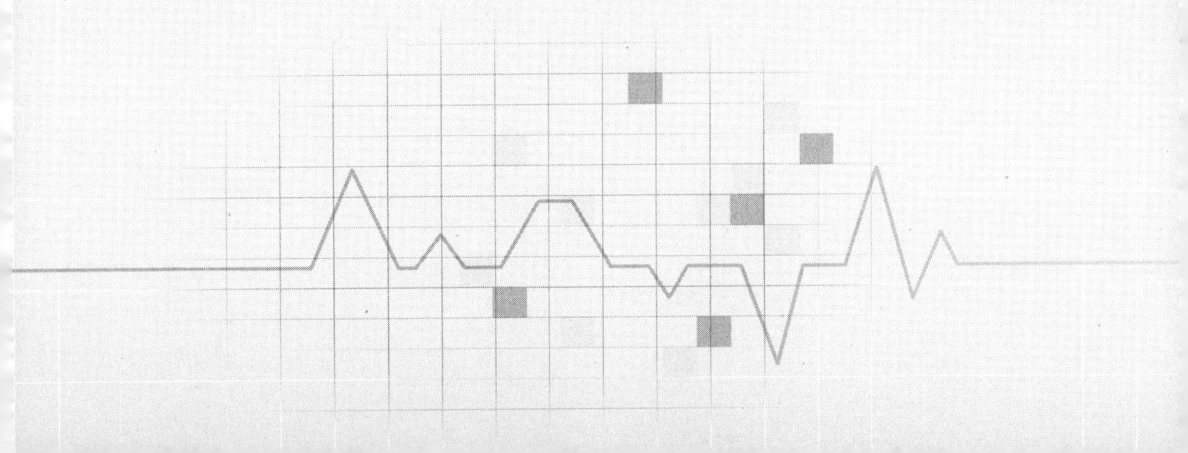

善经济的发展前途怎么样？善经济会给人类生活带来什么影响？善经济的发展大体会经历什么样的发展阶段？善经济会促使人类社会朝着什么样的方向发展？

　　在时间的步伐迈入 21 世纪第三个 10 年，突如其来的新冠肺炎疫情与一些地区发生的武装冲突，使得人们对于善经济的前途产生了担心。世界真的会向善发展吗？这确实需要进行深入的分析和努力以得出合乎逻辑的结论。

摆脱陷入中等收入陷阱的风险

如果把地球看作一个经济体并且观察其人均 GDP 水平，可以不太乐观地说，迎接善经济时代的发展实践，人均 GDP 达到 1 万美元之后的历史，即 21 世纪的第二个 10 年，其实是一个为期 10 年的人均 GDP 发展停滞期。从这个意义上分析，也可以说，世界似乎已经进入中等收入陷阱。

所谓中等收入陷阱，本来是指一个国家发展到中等收入阶段（人均 GDP 为 1 万—1.2 万美元）后，既无法在人力成本方面与低收入国家竞争，又无法在尖端技术研制方面与富裕国家竞争，于是导致国民经济发展徘徊不前，陷于停滞状态。世界银行的有关报告在 2006 年即提出了"中等收入陷阱"（Middle Income Trap）的概念，并认为只有极少数中等收入经济体能成功地跻身于高收入国家行列，绝大多数经济体都不具备这样的能力，在进入这个阶段后原有的发展模式和增长机制无力应对不断产生的系统性风险，经济发展会经常性地出现大幅波动从而陷于停滞，社会也会产生较多问题。

其实，更为常见的现象是，当一个经济体达到中等收入阶段以后，原有的低端、低质、低价制造业无法升级为高端制造业，因为部分发达国家会建立起严密的技术壁垒，通过"长臂管辖"、军事干预或者恶意制造各类矛盾等手段限制中等收入国家的产业升级。

据研究发现，第二次世界大战后的 200 多个发展中经济体中，到 2021 年只有 2 个从低收入进入高收入经济行列；1960 年有 101 个中等收入经济体，到 2008 年只有 13 个进入高收入阶段，并且其中有 8 个本来就是与高收入阶段差距不大的西欧周边国家或石油生产国，另外 5 个则是日本和亚洲"四小龙"。经过 70 多年的努力，200 多个发展中经济体中至少有 180 个仍未能摆脱中等收入陷阱或低收入陷阱。[①] 本来，经济发展就是一个技术不断创新、产业不断

① 杨琳:《专访林毅夫：2022 年，中国经济增长的动力在哪里?》，《中国经济周刊》2022 年 1 月 21 日。

升级、基础设施和制度安排不断完善的过程，但如果有一个经济秩序就是阻碍发展中国家的升级发展过程，不允许中等收入国家实现经济发展的超越，那么，不管这种手段打着什么样的旗号，都可以称为不善的经济结构。善经济的发展，在客观上出现了打破既定的不善经济结构的趋势。

运用军事、政治与经济、文化等多种手段维护世界发展水平长期保持人均 GDP 1 万美元的不良善行为，在国际社会中仍然存在。

不过，由于经济结构发生根本性变化，使得善经济的发展势不可当。在世界范围内走出中等收入陷阱的势头不断加强，出现希望的曙光。

发达国家的许多科技企业，受内在发展升级的驱动需要不断地升级换代，这些企业为了自身发展而必须利他发展以引领产品向善的势头。中等收入水平国家的科技企业，也在加入向善的行列。商业向善、科技向善、金融向善已经在一些跨国公司间达成共识。在中国，有的互联网公司甚至计划拿出上千亿元来促进企业与公益事业的融合。

同时，不少产品的竞争也发生在发达国家之间，发达国家之间也有商业冲突，发达国家之间撕毁合同的现象也时有发生。发达国家之间信奉的价值观并没有与共同的利益紧密结合起来。利益矛盾错综复杂，就无法在发达国家之中形成一块压制中等收入国家发展的固定结构。

随着全球化的发展，许多跨国集团为了减少成本，想方设法到发展中国家或中等收入国家投资，结果又培养了不少的熟练工人和管理者。市场的开拓导致许多竞争者的产生，而全球化进程中商品、服务、资本与技术在世界范围内的生产、消费与投资领域中的迅速扩散，确实使得生产和消费都变成了世界性行为。这种供应链与消费链的紧密联系，已经日益呈现出不可逆转的势头。

科学技术的发展，使得许多产业的链条不断延伸，关联的产业服务领域不断拓宽。不管是产业链条的延伸还是服务领域的拓宽，往往都不可能在一个国家的范围内实现，于是形成了国际化、多样化尤其是不同经济发展水平国家之间日益密切合作的格局。互联网所提供的便利条件，大大减少了多方面的成本，使得这种合作可以通过足不出户的方式来实现。

从实际的发展水平看，世界开始呈现出新的不平衡状态，中国的发展态势完全有可能使其成为善经济的重要发展引擎之一。2019 年，中国达到人均 GDP 1 万美元的发展水平。而到了 2021 年，中国的经济总量达到 114.4 万亿元，突破 110 万亿元，按年平均汇率折算，达 17.7 万亿美元，稳居世界第二；人均 GDP 为 80976 元，按年平均汇率折算，达 12551 美元，突破 1.2 万美元，已经超过世界人均 GDP1.21 万美元左右水平。[①] 中国政府用高质量发展阶段来定位新的经济发展水平并实施与之相适应的发展战略。如果中国能够不停步地发展并系统实现产业的升级，就完全有可能打破既有的发展格局而形成世界经济发展的重要新支柱。

在亚洲，经济发展格局更具一体性。日本、新加坡、韩国已经成为发达国家，而中国的香港、澳门、台湾地区人均 GDP 均早已超过 2 万美元，马来西亚则超过 1 万美元。和平与发展已经成为亚洲地区的主题。在历史上，这一地区有着多方面的联系，因而更容易进行合作。亚洲地区完全有可能为全球善经济的发展贡献更多典范案例。

亚洲成为全球经济发展的重要引擎，确实是世界经济格局的结构性变化。2021 年，亚洲 GDP 约占全球 GDP 的 47%，开始显示出举足轻重的地位。但是，亚洲人口在全球的占比约为 60%，而 GDP 占比还不到全球的一半，说明亚洲人均 GDP 还不到全球平均水平，有着巨大的提升空间。

善经济的曙光，可能会在亚洲地区更早地展现。

善经济发展的关键期：未来 10 年到 30 年

从 2020 年到 2050 年的 30 年间，人类社会的经济发展趋势会呈现何种形态呢？

和平发展是当今时代的主题，世界的多极化促成了新的经济发展浪潮。

全球大多数国家完全有可能在世界范围内更为自觉地参与和平与发展这

---

① 参见 2022 年 1 月 17 日中国国务院新闻办新闻发布会国家统计局局长宁吉喆发布消息。

一时代主题的拓展，有意识地远离战争与斗争行为，并快速地转向从本国实际条件出发致力于经济发展。这样的政治与社会格局，将会不断地创造更大的经济活力，促成世界经济的再一次起飞。各国之间、各个经济体之间和谐型的经济大比拼时代正在全面开启。

务实发展经济的态度，将会更注重人民的衣食住行和就业、养老、教育、就医等多项民生事业，将这些事业摆在发展的中心。在通信技术日益发达的条件下，发达国家与不发达国家之间可以通过各种方式平等地交流，互相学习，包括产品推销、文化教育、各种生活技巧等。比如，抖音应用就为东西方社会搭建起了一个学习与交流的平台。

科技和信息技术的发展促成的万物互联，伴随着国际社会的经济发展大潮，将会促成生产力的大解放。特别是通过万物互联而产生的合作形态，又会创造出新的就业方式、新的产业形态、新的产品与新的基础设施，比如，在太空发展通信技术；在地上广泛部署 5G 网络；发展多样性的数字货币；发展更为丰富的移动支付手段；等等。

随着信息技术的发展，信息基础设施的升级已经使其与交通、电力、商业性的生产服务业紧密结合起来，而这种结合所形成的强大的互补与互通效应，互相促进，推动多项产业形态的进一步升级。这种新的基础设施发展格局，将会促成发展中国家实现"弯道超车"式的经济起飞。从现实情况看，信息技术革命的力量正在逐步展现。在新冠肺炎疫情的应对过程中，在一个有上千万人口的大城市实施防疫措施时，如果没有信息技术的支持，想保障城市居民日常生活是相当困难的。而各国在疫情严重时期的商贸往来，更是通过现代发达的信息技术才得以实现的。

在国际社会经济交往中，一种新型的以人为本的投资体系与贸易关系正在形成。企业不只是追求利润，企业与当地工人之间并不是纯粹的雇佣关系，在劳资关系之外，企业还有促进当地经济发展的规划，包括对当地人民手把手地培训精耕细作的农业技术，这里没有知识产权的保护问题，甚至也不用缴纳培训费用，这样的项目通常被称为"支援"。当类似的项目日益增多的时候，自然就会改变不善的经济形态，而开始迈向善经济的轨道。

在未来 10 年到 30 年，人们有理由对经济发展的未来持乐观态度。最主要的依据就是，一个新的商业文明正在出现。这个新的商业文明的理论假设并不认为人都是自私的，如果人们都希望得到更多的利益，那么也必须为了社会更好而工作。可见，商业向善是势所必然。

善经济的共享方向：从橄榄型转向共同富裕

概念的形成往往是一个潜移默化的过程，进入 20 世纪 90 年代以来，人们对于社会发展理想形态的描述逐渐变为：未来应该是一个橄榄型社会，应该尽量培育更多的中产阶级，反而不再更多地讨论共同富裕。

所谓"橄榄型"社会结构，顾名思义就是类似橄榄那样"两头小，中间大"的球状体，其所表达的意思是，在整个社会阶层结构中，极富和极穷的"两极"都很小，而中间阶层又被称为中产阶级的部分很大。不过，这个概念一开始就缺乏更为精确的定义，比如，两头小是以人数来衡量吗？显然，富裕人口与贫困人口的绝对数量根本无法等量齐观。全世界包括相当多的发达国家在内的社会阶层结构都是极少数甚至几个极富人群与一个国家大半数人群的财富相当。显然，用人数来判断社会是否为橄榄型是相当不准确的。

如果以财富拥有量来确定社会阶层，现在世界的人口结构呈现出的是一种倒金字塔的结构。这种结构就是，少数的富裕人口拥有巨大数量的财富，而相当多的人数持有相当少的财富，瑞银集团曾经于 2013 年发布了著名的世界财富结构报告并用具体的数据充分证实了这样的结构。所以，橄榄型的社会可能在现实生活中还不存在。从形态学的意义上看，橄榄型的物体恰恰是最不稳定的，因为它一旦发生些小的震动，就会使整个结构出现不稳定的状态。

善经济时期的社会是稳定的社会，而一种稳定的形态应该是均质性的共同富裕，也就是中国古代人民憧憬的大同社会。在《礼记·礼运篇》中的描述是：大道之行，天下为公，选贤与能，讲信修睦；人不独亲其亲，不独子其子；使老有所养，壮有所用，幼有所长，矜寡、孤独、废疾者皆有所养。

这样的大同世界，并不是在促进两极分化的过程中来促使中产阶级的增长，而是一部分人先富起来之后需要承担起先富带动后富的责任。因为弱者不应当被阶层化、固定化，而财富的拥有者也需要有一个基线即在不断发展壮大的同时形成健康的政商、政社关系，财富的拥有者不能追求过强的垄断性以左右公共政策，要引导社会富而好礼。

如何在机制上防止两极分化？关键是要建立起与经济发展水平相适应的社会保障制度，包括最低生活保障、社会保险、社会救助、社会服务等多项基本制度体系，通过体制性的保障维护整个社会基础的稳固性。

在推进社会保障制度建设的过程中，总有一种理念认为穷人主要是"懒汉"，因而福利制度不能养懒人。在这种理念的影响下，对贫困人口享受福利采取极为严苛的审核程序。中国的脱贫攻坚实践表明，中国真正解决了劳动条件、基础设施和基本的社会保障等多项问题，极端贫困问题是可以得到解决的。而两极分化下的贫困人口，更多地是由不合理的劳动条件所导致的。如果过度追求效率，完全置公平于不顾，可能会导致极端的两极分化，即极少数的亿万富豪和绝大多数的贫困人口。历史经验表明，一旦形成这样的社会格局，就可能会产生很多社会问题。

如果真正建立起共同富裕即均富的制度，劳动就不再是一种负担而是勤劳品德的体现。欣赏中国古老的《诗经》中所描写的劳动的喜悦，再聆听反映劳作的采茶歌、船工号子等，可以感受到一种劳动的光荣感深深地植根于中华文明之中。均富下劳动光荣的理念，在历史上有着丰富的资源可供开发。

要想实现共同富裕，当然需要调整劳动方式和生活方式，也需要实行现有经济体制中的集体所有制、合作社、股份制、合伙制等多项制度，形成共享的机制。共同富裕，客观上是一种共享经济。

在探索新的生产方式与生活方式的过程中，精耕细作的农业生产方式与现代信息技术及机械化的结合，正在得到不少发展中国家的认可，新的农业现代化道路逐步展现。在这一发展浪潮中，中国以不到1/10的耕地生产出世界近1/4粮食的农业生产方式逐渐受到发展中国家的重视。而中国的经验恰恰是以拥有复合型熟练劳动技能的自耕农即新型的小农经济而不是大规模的农场雇用工人为基础，这种持续了几千年的农业生产方式与与之相应的生活方式，实际上包含共享的多重要素。这一经济结构，在善经济的发展进程中是否可以成为一些发展中国家农业生产发展的一种参照，还有待于实践的进一步检验。

在共享型的体制中，确实有一部分人应当率先致富，因为，现代市场经济需要调动人的工作积极性。而这种积极性，通常的表现就是各种类型的非国有企业蓬勃发展。民营企业是解决就业的主力军。规模庞大的民营企业，是大型经济体的重要骨干力量，他们的创新能力，往往能够影响社会的发展。先富裕的人口，绝大多数是凭借勤劳、奋斗、创新、合作、创造等品质，他们身上有着宝贵的企业家精神。这样，他们的后代也会接受家族的传承，更多地继承勤劳致富的精神。

中国的耕读传家古训，讲的就是生产方式与生活方式的结合，即耕田以事稼穑，丰五谷自给自足，耕田读诗书则立品行以修身养性。在新的历史条件下，这种民族精神，完全可能会转化为一种中国特色的企业家精神，从而为善经济的发展作出特殊的贡献。

善的再定义：标准的多元共生

善经济的核心是善。人们追求产品之善，经济之善，商业之善，科技之善，社会之善等，各个领域都要围绕善而展开其至高的追求。而善，作为伦理学的核心概念，其中心就是要回答何为正当或应当做什么的问题。

应该承认，尽管人类都以善为道德追求，但在各个民族和各个国家之间，善，有着不同的内涵与标准。

何道峰先生在《人的应当》一书中将三千年的人类思想史划分为三个阶段的大反思，即以轴心时代为标志的 3500—1700 年前的大反思、公元 1200—1800 年的大反思和现代社会巨变所引发的再一次的大反思。他提出了现代化的三大市场竞争制度即政治市场竞争制度、经济市场竞争制度、社会公益市场竞争制度交互作用的理论。从人的应当来反思人类思想文明的历史，这是一部视野相当开阔的著作。作者在第三次大反思一章中明确以"新的垄断天敌""匍匐于科技的脚下""极端个人主义泛滥下的泥淖""全民福利主义"为题，展开人类社会面临新挑战与人的应当的大视角探讨。这实际上是在全球化的背景下从理论与实践的结合出发对人类向善进程的探索。

善经济的发展，正是要促使人类各个群体之间进行关于善的理念与行动的广泛交流。与以往不同的是，这种交流，首先是集中体现于各类产品的交换之中，随之而来的还要体现为人与人之间的互动交往，人与环境的互动，包括欣赏与体验的多重活动等。

从中国的视角看世界，人类社会对于善的理念，确实有着相当不同的理解。

在中华文明中，人们对于善的定义视角立足于公共行为而不是个体的行为。在《尚书》中，就提出"克明俊德"即彰明自身的大德并提出了"善政"的理念，这主要是从个人的修养和对公共行为的完善来阐述善的内涵。在《周易》中，对于善的论述是：一阴一阳之谓道，继之者善也，成之者性也。也就是说，中华文明是从天地自然之道来定位善。最为著名的《大学》一书中所规定的追求至善的路径就是修齐治平之路：格物致知、正心诚意、修身齐家、治国平天下。

善必有德，中华文明对于道德特别是至善的理解，通常表述为仁、义、礼、智、信五个字，称为"五常"。据说是孔子确定为"仁、义、礼"三个字，孟子延伸为"仁、义、礼、智"四个字，汉代董仲舒扩充为"仁、义、礼、智、信"五个字。"五常"是中华文明价值体系中最为核心的概念。在民间，"五常"通俗地表述为忠孝节义。

在"五常"之中，仁，就是指仁爱、仁慈、仁政、仁德等，是一种广泛的大爱之德；而义，则是指正义、公益的精神；礼，主要是指各项礼仪，人与人交往的修养与品行；智，主要是指智慧，善于学习；信，是指信用、诚信，特别规范人与人交往的品德。

在中华文明中，《尚书》和《诗经》中就有关于"君子"的论述，认为君子的行为规范就是要以至善为最高标准，其途径是格物致知、修齐治平；反之则为"小人"。对于君子，古代中国文化中有着多方面的论述，提出了相当系统的规范。《周易》中就有这样的著名论断：天行健，君子以自强不息；地势坤，君子以厚德载物。

在欧洲社会尤其是古希腊文明对于善的探索与中华文明的视角有着根本的不同。就其目标而言，古希腊文明同样以至善为道德追求。但是，这样的追求，更多的是对于理念的探索，是学术意义的探索，并没有与政治生活和社会实践紧密结合。与中华文明相比较，在古希腊的城邦时代，并没有如同西周那样的统一王朝，而是互相独立的各个城邦；也没有君子的概念，而中国则是从君子概念转化为士大夫这样一个实体阶层。柏拉图创建了阿卡德摩学园实体从而成为西方大学制度的先导，而孔子则创建了"有教无类"的全民学习体系并延续到宋代最终甚至用"大学"开启人人平等地可以通过学习而达到至善的时代。所以，古希腊时代对于善更多的是从知识的层面来探索，与中国社会主导的至善面前人人平等的规范是不同的。

柏拉图在《斐莱布篇》中写到，享受、快乐、高兴等并不是善，而思想、理智、记忆以及与此相关的事物才是善。亚里士多德则在《尼各马可伦理学》一书中的开篇中提出：每种技艺与研究，同样地，人的每种实践与选择，都以某种善为目的。善的事物可以分为三类：一是被称为外在的善，二是灵魂的善，三是身体的善；而灵魂的善是最恰当意义上的、最真实的善；政治学的目的是最高善，它致力于使公民成为有德性的人。

到了近代，康德在《实践理性批判》中对古希腊各学派进行了归纳并提出他认为实际上只有两个学派，一派是斯多亚派，认为德性就是整个至善，幸福只不过是对拥有德性的意识；另一派是伊壁鸠鲁派，主张幸福就至善，而德性只不过是谋求幸福这一准则的形式。康德认为人的本性的使命就是追求至善，而这个至善的概念必须与上帝、自由和灵魂不朽的理念紧密结合，使得人们认为遵守道德律是自己的义务，才能促成人们不断地迈向至善。因此，一定要敬畏头上的星空和心中的道德律。康德的这一理论被人称为道德义务论，重点强调以责任为基础的道德规范。

在英国，与康德几乎同一时代的边沁提出了功利主义的理论，重点强调以结果为基础的道德规范。边沁在《道德与立法原理导论》一书中明确阐述了功利原理，认为愈是有助于提升幸福的行为就愈加正确，而带来与幸福相反结果的行为则是错误的。这个原理又被称为最大幸福原则。

在西方，也有人提出以权利为基础的道德规范，被称为自然权利伦理，其主要内容包括福利权利和自由权利等。

西方社会也有人提出过以品格为基础的道德规范，被称为美德伦理。该理论认为善就是人格的实现，人格是一切价值的根本，善行为就是一切以人格为目标的行为。

可以说，在东西方文化中，人们对于善有着十分不同的理解。同样是对至善的追求，但其认识的方法与定义存在着巨大的不同。所以，对于应当与不应当的讨论，不可能得到完全一致的结论。文明之中的至善，确实是因多样而交流，因交流而互鉴，因互鉴而发展。

在善经济的发展中，对于善的理念的差异本身就应当按照善的原则来处理。这一根本的原则应当是和而不同与己所不欲勿施于人。各个民族之间、各个国家之间，只有与人为善，相互尊重，交流与互鉴，才能促成善经济的健康发展。

再发展：世界的新主题

善经济的发展形态会呈现何种趋势并经历什么样的过程？换句话说，世界经济的总体发展形态的朝向是什么呢？

在经济发展的大潮中，人们正在重新对发展进行定义。

再发展，已经成为一个新的时代主题。无论是发达国家还是发展中国家，都面临着再发展的任务。

再发展主要集中于三大基本领域：

其一是基本生活物资保障。在新冠肺炎疫情的应对过程中，即使发达国家也出现了物资短缺的现象，口罩一类的防疫物资只能依赖进口。这一现象表明，人民的基本生活物资保障制度，即使在发达国家，也还有相当大的提升空间。发展中国家，可能就需要国际援助与自力更生的结合，从而面临着加速发展的挑战。

在更广泛的意义上，人类生命的第一需要是最为基本的生活条件，这就需要最为基本的物资保障，也就是说，衣、食、住、行等方面的保障，实际上是一个国家最为重要的民生问题。能够不断地解决这类问题并使之持续不断地提升和完善，才是最基本的善。

其二是基本生活设施，通称为基础设施。经济发展的进程表明，基础设施建设不可能一劳永逸。一方面，基础设施会不断老化；另一方面，新的技术发展需要基础设施不断地更新。发达国家也需要投资基础设施建设；而发展中国家需要的是基本生活设施的改善。

其三是基本公共服务。包括老龄化、儿童养育和未成年人保护等，这对发达国家造成的挑战在某种程度上甚至要更为严重。例如，老龄化的程度在发达国家就远远超过发展中国家。

在相当长的时间里，人们停留在市场经济与计划经济谁优谁劣的争论中。现在，当以三大基本民生保障为主题的发展问题摆在面前的时候，客观上正在促成市场经济与计划经济的结合从而能够产生新经济形态的结论。这个结论就是，经济发展完全可以超越传统的意识形态，从各个国家和各个民族的实际需要出发，以民生为本来解决最迫切需要解决的问题。

再发展背景下解决基本生活保障问题，可能需要注意建立健全两个机制。一是全面扩大联合国系统的人道主义紧急救援机制，提升应对级别，以应对人类面临的类似新冠肺炎疫情的普遍灾难。这样的灾难，不是局部性的，也不是只限于发展中国家范围内的，而是包括发达国家在内的人类灾难。这样的灾难，也不是世界卫生组织这一个专业组织就可以应对的，因为其涉及商业利益、志愿服务、系统的物资保障和特别的调度体制等。二是需要对特别贫困的人口施以最低生活保障并给予基本生活技能性的支持。

再发展背景下的基本生活设施即新基础设施建设涉及的问题更为复杂，涉及投资机制与社会治理体系等多方面的问题。例如，要想富，先修路，可能是一个较为普遍的经验。因为有了道路，人们才能够更为便捷地交往，商业要素才可以更为自由地流动，才可以全面建设学校、医院、供水和供电等项设施。此外，随着生活条件的改善，以家庭为本位的基本生活技能的提升，也是一个较为迫切的挑战，这也许需要新的培训体系建设。所幸，新的能源革命为一些地方提供了"弯道超车"的机会，这些地方恰恰有着丰富的太阳能、水能和风能等资源。倒是许多发达国家的基础设施，还不方便向着新基建转型。

再发展背景下的基本公共服务体系建设是另一个挑战。当前，生产性服务业已经相当发达，其产值甚至占据整个国民生产总值的半数以上。但是，生活性服务业在世界范围内的发展还相当薄弱，在许多国家经济中的占比较低。因此，生活性服务业的发展应该成为世界经济的重要增长空间。

从善经济的视角看，高质量发展的主战场之一应该是生活性服务业。因为，生活性服务业的重点是人本身，这个领域应该成为发展的出发点和落脚点。生活性服务业，恰恰是集社会伦理、经济与社会、文化甚至社会治理体系于一体的大产业。以养老服务为例，养老服务产业涉及大健康、机器人、社区治理、公共服务、积极老龄化体系建设等，蕴藏着巨大的就业机会，同样也是巨大的产业发展机会。无论是发达国家还是发展中国家，在生活性服务业方面都有着巨大的需求。

人类对于再发展的挑战可以更为乐观一些。因为，从工业革命到绿色革命的转型，碳达峰、碳中和目标的实现，其实是一次更大的再发展机会。尤其是新能源的开发与利用，可能导致经济形态发生根本性变化。另外，随着信息革命的发展，人类群体性学习能力在迅速加强。仅仅是抖音（TikTok）就带动了无数个行业和无数名新老师，人们以轻松活泼的方式仅用几分钟时间就能够参与学习炒菜、种花等各类生活技能，这样的非政治性交流，开创了人类社会新的学习方式。如果将这类学习方式进一步专业化，则有可能创造出新的学习方式。

再发展的速度与模式，可能会超出人们的想象。

慈善的战略地位：与民生事业和高质量发展的结合

善经济不只是慈善经济。但是，慈善确实可以在善经济的发展中发挥出更大的作用甚至有可能在重塑经济风貌方面发挥出重要的作用。

　　慈善在善经济的体系之中居于重要的位置。因为慈善是一种奉献和付出。按照汉字的本义，慈为上对下之爱，善为人与人之爱；西方也以慈善表达爱众人之意。这个广义的爱，如果能够加上孝，即下对上含有敬义之爱，就能够构成人类社会重要的一块基石。

　　善经济的发展，如果能够融合慈善，将会使经济向善更具凝聚力。而慈善事业如果能融入善经济的发展之中，则会使慈善发挥出更为巨大的社会影响力。

　　善经济的发展如果缺乏仁爱，那是不完善的并且也不可能持续发展。而如果慈善能与经济结合，将会展现出更大的影响力，产生更大的社会价值。

　　善经济与慈善具有内在的一致性。因为经济结构内部各要素之间正在演变为和谐型的关系，你死我活的"狼性文化"已经与新的时代极不协调，经济形态更需要的是社会之间、民族之间、国家之间的和谐，是人与自然的和谐。和谐本身就是慈善的要义。在慈善领域进行的社会企业运动，不管是社会影响力投资还是公益金融、普惠金融等，都展现出慈善与经济的融合趋势。

　　从未来经济的发展结构看，尤其是应对新冠肺炎疫情的实践证明，发展善经济的基本途径应该是企业与政府、社会和知识体之间的良性互动！这不是一种三角形或者三环之间的互动，而是一种平行四边形的关系，是四种力量的合力，所有力量都在围绕着民生事业的良性发展而运行。

　　从现实的就业情况看，在中国有着混合型的就业方式。以中国退休老年人的生活为例，不管其过去的职业如何，也不管其受教育程度高与低，他们中的很多人退休之后会回归家庭，照顾孙辈，从事多样化的家庭服务业。在家庭中，为了照顾孙辈，他们起早贪黑，不计报酬，有的甚至还奉献出自己的储蓄与退休金，用于支持儿女或孙辈购买房屋。这批退休老人的现实职业，也许是平行四边形合力的集中体现。在这一特别服务行业中，政府支出退休金以保障老年人生活，老年人的职业是生活性服务业，其本质是公益慈善性的完全捐献，而服务过程中的专业化和认真与使命感更是无可比拟的。在这种合力中，产生的是天伦之乐，家庭和谐，同时为各个行业解决了一些后顾之忧。据说，有的城市已经认识到这些人的支撑作用，尽管对户口管理极严，但如果独生子女的父母愿意随子女迁移户口到大城市，还是要予以批准。这样的业态，尽管带有自然的性质，又与文化传统有关，但产生的生活性服务的功能却是实实在在的。

更有意义的是，老龄社会的来临，改变了许多社会议题，慈善很可能还会深刻地改变着生活方式与就业方式。

生活性服务业，包括健康、养老、托育、文化、旅游、体育、物业、未成年人保护与重度残疾人托养等，都是美好生活建设的重要领域，都需要向高品质和多样化升级。在这个领域，慈善事业特别是志愿服务、专业化社会工作者的队伍建设有着巨大的发展空间。如果慈善事业能够与这些美好生活的建设内容紧密结合起来，慈善将会成为庞大的多样化就业领域，同时也会创造出更为丰富的就业方式。这一新型产业如果能够持续不断地发展壮大，有可能会使慈善成为宏大的世界性潮流和宽广的就业领域。

善经济的社会结构：多元共存的人类命运共同体

商业向善与慈善和经济的结合，客观上正在创造出一个新的社会结构。这是与传统的社会结构不同的且更为多样的社会结构。

在世界的东方，中国根据本国国情开辟了一条中国特色社会主义道路，实行社会主义市场经济体制。

回到黄宗智的理论：中国改革开放创造出了与美国和苏联人少地多形态完全不同的新型小农经济，中国农业迄今仍然基本是悖论的"没有无产化的资本化"和没有资本主义的现代化——其主体是使用越来越多现代投入的小农户，中国的农户其实既是农业生产现代化的主体，也是（通过打工成为）工业生产的主体。这样的中国农户，当然是人类经济理论史上还极少纳入研究的新对象。但是，实践总是开辟自我发展的理论之道。几亿中国农户的实践，客观上有什么样的理论意义并对善经济的社会结构产生何种影响呢？

一方面，它对于发展经济学而言，中国特色社会主义现代化是一项巨大的实践创新。它是与美国和许多欧洲国家完全不同的现代化发展道路。另一方面，农民作为一个"半工半耕"形态的工业生产主体，特别是以非正规就业为主要模式的"农民工"，完全改写了城镇化与工业化以及与之相应的社会福利和社会保障体系的格局，中国的实践正在创造一个新的现代化模式。

在中国的社会实践中，确实存在着新型的城乡关系、新型的工农关系等。当然，中国的社会结构也有其自身的特点，有其独特的发展规律。在这样的格局中，村庄作为历史悠久的社区共同体，农户作为生活与生产紧密结合的多重复合单位，自然也因其内在的特殊结构展示出不同的社会风貌。

当进入人均 GDP 达到 1 万美元的阶段，尤其是随着国家脱贫攻坚政策的完成、乡村振兴政策的实施、信息技术革命和新基础设施建设的推进，中国的新型小农经济必然会发生变化。中国的农业经济、工业经济和社会服务业也会有特殊的发展形态。

各个国家都会因其独特的历史和社会、经济与文化特点而展现出不同的发展特点。世界各国的现代化进程不可能按照一个模式来复制。善经济的发展，一定是更为尊重各个民族和各个国家的多样化的发展形态。

地球作为人类的共同家园，确实把各个国家的命运不同程度地联系在了一起，人类的确是一个命运共同体。在这样的共同体中，不应该一枝独秀，而应该百花齐放，应该有着不同的形态，有着丰富的多样性，大家和谐相处，各个国家和民族创造着不同的文化，互相交流、互相学习、互助互济，从而促成人类社会的良性发展。善经济的社会结构，应该是在尊重的前提下更为鼓励多元与包容性的和平共处。

善生活：人类社会发展的新阶段

过一种至善的生活，是人类社会的理想。进入善经济时代，人们确实可以规划一种善的生活方式，这是人类社会发展的崭新阶段。

从善经济迈向善生活，最终促成善社会的建设，完全有可能是人类社会在未来的伟大转型。

中国社会所憧憬的善生活形态是"大同社会"。而西方世界所追求的善生活形态是"理想国"。

在中华文明中，对于善生活的理解更多地受到"礼"的影响。《仪礼》《周礼》《礼记》三部经典较为详细地描述了礼的理念、生活礼仪与政治制度设计。其中，《仪礼》记述有关社会中的冠、婚、丧、祭、乡、射、朝、聘等礼仪制度，是通过礼仪、制度形式来约束人们的日常行为，包括在何种场合下应该穿何种衣服、站或坐在哪个方向或位置等；《周礼》则是通过官制来表达治国方案，其所记载的礼的体系最为系统，包括天官、地官、春官、夏官、秋官、冬官和职责体系，还有祭祀、朝觐、封国、巡狩、丧葬等方面的国家大典，也有如用鼎制度、乐悬制度、车骑制度、服饰制度、礼玉制度等方面的具体规范等；《礼记》则是有关各种礼仪制度和礼的理论与伦理道德的系统阐述，"大同"的理念就是在其中的"礼运"一篇中所系统阐述的。

在柏拉图的《国家篇》所描述的制度中，对于善的生活与政治制度进行了更为系统的论述。他认为正义是一种美德，也是建立理想国家的总的原则，正义是包括被统治者在内的国家全体公民的利益；一旦真正的哲学家成为国家的主人，才会重视正义和由正义而来的光荣，把正义看得高于一切。他把当时希腊各个城邦的体制归纳为四类，一是斯巴达政制，二是寡头政制，三是民主政制，四是僭主政制。在总结雅典社会发展的基础上，他对资本提出了特有的看法，认为私人拥有大量的金钱会摧毁荣誉政制，"在追求财富的过程中，他们拥有的财富越多，他们就越瞧不起美德。财富和美德就好像被置于天平两端，一头往下沉，另一头就往上翘"；[①] 节制被说成是"缺乏男子气概"，先加辱骂，然后驱逐；老师害怕学生，迎合学生，而学生反而轻视老师和他们的监护人。"过度自由的结果不可能是别的，只能是个人和国家两方面的极端的奴役。"[②] 因此，只有能使灵魂本性更加正义的生活才是比较善的生活。

柏拉图在《斐莱布篇》中更为系统地探讨了善生活的内容。他认为一切认识善的生灵都会寻求善，并且想要捕捉善，使善成为自己的东西；通向善

---

① ［古希腊］柏拉图：《柏拉图全集》第 2 卷，王晓朝译，人民出版社 2003 年版，第 554 页。
② 同上书，第 572 页。

的道路是要在混合的生活中寻找善，一定不要在不混合的生活中寻求善。对于这种混合的生活，现代美国学者弗兰克纳将其更为系统地归纳为五个方面：适度、节制、合宜等；和谐、美、完满等；思想和智慧；科学、艺术和真实的意见；灵魂自身纯粹的或无痛苦的快乐；据此，他将善生活概括为"包括享乐或某种程度的美德与享乐二者的活动和体验"。①

亚里士多德在《尼各马可伦理学》中则更进一步引用谚语说明，公正是一切德性的总结；公正最为完全，因为它是交往行为上的总体的德性；他认为，有三种主要的生活，即享乐的生活、公民大会的或政治的生活，还有深思的生活；财富显然不是我们在寻求的善；深思才是最高等的一种实现活动，幸福就在于某种深思；"政治学的目的是最高善，它致力于使公民成为有德性的人、能做出高尚行为的人"。②

古今中外历代思想家对于善生活的探索是相当宝贵的。许多善生活的理念都需要从不同的角度进行继承与发扬。而到了21世纪，随着生产力水平在全球范围内更为广泛地提升，人类社会已经有了较为充分的条件来进行更为系统的善生活实践规划。

从根本上说，善经济的发展，必然是善生活的不断拓展。因为善经济将持续不断地冲刷着社会生活的方方面面并不断地重塑各类生活纽带。

这种善生活，是建立在人均GDP 1万美元以上即生产力高度发达基础上的人们对于美好生活的不断追求。这将是一种快乐、幸福与有德性和智慧的生活，也将是家庭、社区与国家和国际社会和平与和谐关系即构建人类命运共同体的实践。

善生活状态下的经济结构，是在基本生活不断得到保障并持续得到改善与提升的基础上，拓展慈善的理念与行为，是发展新兴产业即生活性服务业、大健康、旅游、体育、文化等产业，从而促成各大经济产业的共同繁荣的理念与行为。

---

① ［美］威廉·K.弗兰克纳：《伦理学》，关键译，生活·读书·新知三联书店1987年版，第190页。

② ［古希腊］亚里士多德：《尼各马可伦理学》，廖申白译，商务印书馆2012年版，第26页。

基本生活的改善是一个永不停滞的过程。在这个过程中，民生事业的发展还有一些十分紧迫的课题，其中最为关键的，就是要解决少部分人的温饱问题。当然，可持续的发展，已经成为时代的主题，绿色文明的时代，已经到来。

从争多到争好，其实是一场更为广泛而深刻的和平革命，但人类还缺乏建设"好"的系统经验与技能，挑战更多地来自拥有"多"的传统利益结构与思维定式。多与少、多与多的竞争，主要是力量型的竞争，因而必须在力量型的领域更多地投入资源。比如，尽管原子弹和各类军事用途的装备现在很少应用，但是，为了实行威慑，还是要开展军备竞赛。而要达到"好"，力量只是必要的条件之一，更多地还需要民生事业的发展与智慧和德性的提升。这就需要深刻体察人类的基本需要，准确把握时代的潮流，才能不断地创造"好"的产品。因此，善经济必须有更好的德性才能驾驭。而发展慈善事业，恰恰是培养德性最为合适的场域。慈善与善经济、善知识、善生活之间，有着密切联系。

以善经济为基础的善生活，更需要善知识的不断拓展。这是世界多元文化的共生，是中西文化的交汇。在这样的善生活中，同样会有竞争，但更多的是体育竞赛式的良性竞争。这类竞赛，特别需要内在的善知识体系，因为主要是各个实体之间综合能力的展示，是在多个"社会裁判"即大众公开判定下的具有明确规则并且在公开透明环境下的活动。在这样的知识格局中，学习能力与创新能力特别是其产品被大众裁判即市场的接受程度，决定着所有人类个体和群体的未来。

从善经济到善生活，是人类系统创建美好生活的过程。这是大同社会的建设过程，也是理想国的建设过程。如果人类能够在21世纪朝善生活迈出更为关键的步伐，那么人类文明将会坚实地迈上另一个更美好的善社会发展阶段。

主要参考文献

1. ［美］阿尔文·托夫勒：《财富的革命》，吴文忠、刘微译，中信出版社 2006 年版。

2. ［印］《奥义书》，黄宝生译，商务印书馆 2012 年版。

3. ［美］安塞尔·M. 夏普、查尔斯·A. 雷吉斯特等：《社会问题经济学（第十五版）》，郭庆旺译，中国人民大学出版社 2003 年版。

4. ［英］阿瑟·刘易斯：《经济增长理论》，周师铭、沈丙杰、沈伯根译，商务印书馆 1983 年版。

5. ［美］保罗·萨缪尔森、威廉·诺德豪斯：《经济学（第十九版）》上卷，萧琛等译，商务印书馆 2011 年版。

6. ［澳］彼得·D. 伯登：《地球法理：私有产权与环境》，郭武译，商务印书馆 2021 年版。

7. ［美］彼得·杜拉克：《下一个社会》，刘真如译，台北商周出版社 2002 年版。

8. ［英］边沁：《道德与立法原理导论》，时殷弘译，商务印书馆 2000 年版。

9. ［古希腊］柏拉图：《柏拉图全集》第 2 卷，王晓朝译，人民出版社 2003 年版。

10. 曹德旺：《心若菩提》，人民出版社 2017 年版。

11. ［英］大卫·李嘉图：《政治经济学及赋税原理》，周洁译，华夏出版社 2005 年版。

12.〔美〕德怀特·H. 波金斯、斯蒂芬·拉德勒等:《发展经济学(第五版)》,黄卫平等译,中国人民大学出版社 2005 年版。

13.〔德〕斐迪南·滕尼斯:《共同体与社会》,张巍卓译,商务印书馆 2020 年版。

14.〔美〕弗朗西斯·福山:《历史的终结与最后的人》,陈高华译,孟凡礼校,广西师范大学出版社 2014 年版。

15. 高洪深编著:《知识经济学教程(第三版)》,中国人民大学出版社 2006 年版。

16. 国家统计局编:《中国统计摘要(2021)》,中国统计出版社 2021 年版。

17. 国务院新闻办公室:《人类减贫的中国实践》白皮书,新华社北京 2021 年 4 月 6 日电。

18. 国务院:《关于印发"十三五"脱贫攻坚规划的通知》,2016 年 12 月 2 日。

19. 何道峰:《人的应当》,中信出版社 2021 年版。

20. 何日生:《善经济:经济的利他思想与实践》,宗教文化出版社 2021 年版。

21.〔德〕黑格尔:《美学》,朱光潜译,商务印书馆 1979 年版。

22.〔德〕黑格尔:《世界史哲学讲演录 1822—1823》,刘立群等译,商务印书馆 2015 年版。

23.〔德〕黑格尔:《哲学史讲演录》第二卷,贺麟、王太庆译,商务印书馆 2009 年版。

24. 黄宗智:《中国的新型小农经济:实践与理论》,广西师范大学出版社 2020 年版。

25. 黄宗智:《中国的新型正义体系:实践与理论》,广西师范大学出版社 2020 年版。

26. 黄宗智:《中国的新型非正规经济:实践与理论》,广西师范大学出版社 2020 年版。

27. 黄海峰主编：《商业伦理：全球视角》，北京大学出版社 2021 年版。

28. ［日］堺屋太一：《知识价值革命》，黄晓勇等译，生活·读书·新知三联书店 1987 年版。

29. ［德］康德：《康德三大批判合集》，邓晓芒译，杨祖陶校，人民出版社 2009 年版。

30. ［美］康芒斯：《制度经济学》，于树生译，商务印书馆 1962 年版。

31. ［法］勒内·格鲁塞：《东方的文明》，常任侠、袁音译，商务印书馆 2017 年版。

32. 李安纲：《心解易经》，中国社会出版社 2005 年版。

33. 李小云：《公益的元问题》，中信出版社 2021 年版。

34. 梁漱溟：《东西文化及其哲学》，商务印书馆 1999 年版。

35. 林毅夫：《新结构经济学：反思经济发展与政策的理论与框架》，苏剑译，北京大学出版社 2012 年版。

36. ［德］马克思：《资本论》第一卷，中共中央马克思恩格斯列宁斯大林著作编译局译，人民出版社 1975 年版。

37. ［德］马克斯·韦伯：《新教伦理与资本主义精神》，于晓、陈维纲等译，生活·读书·新知三联书店 1987 年版。

38. ［英］马歇尔：《经济学原理》上册，朱志泰译，商务印书馆 1964 年版。

39. 潘岳：《中西文明根性比较》，新世界出版社 2022 年版。

40. 钱宗武解读：《尚书》，国家图书馆出版社 2017 年版。

41. 饶宗颐：《中外文化钩沉》，商务印书馆 2021 年版。

42. 释证严：《人生经济学》，复旦大学出版社 2011 年版。

43. ［美］威廉·K. 弗兰克纳：《伦理学》，关键译，生活·读书·新知三联书店 1987 年版。

44. ［美］亚伯拉罕·马斯洛：《动机与人格》，许金声等译，中国人民大学出版社 2007 年版。

45. ［英］亚当·斯密：《国民财富的性质和原因的研究》，郭大力、王亚南译，商务印书馆 1972 年版。

46. ［英］亚当·斯密:《国民财富的性质和原因的研究》,郭大力、王亚南译,商务印书馆 1997 年版。

47. ［英］亚当·斯密:《道德情操论》,谢宗林译,中央编译出版社 2015年版。

48. ［古希腊］亚里士多德:《尼各马可伦理学》,廖申白译,商务印书馆2012 年版。

49. ［古希腊］亚里士多德:《形而上学》,吴寿彭译,商务印书馆 1959年版。

50. ［古希腊］亚里上多德:《亚里士多德全集》,苗力田主编,中国人民大学出版社 2016 年版。

51. 杨琳:《专访林毅夫:2022 年,中国经济增长的动力在哪里?》,《中国经济周刊》2022 年 1 月 21 日。

52. ［美］于同弼:《善经济:如何以企业社会责任制胜》,吴滨、杨乐译,中信出版社 2020 年版。

53. ［英］约翰·穆勒:《政治经济学原理及其在社会哲学上的若干应用》,赵荣潜等译,商务印书馆 1991 年版。

54. ［美］约瑟夫·阿洛伊斯·熊彼特:《经济发展理论:对利润、资本、信贷、利息和经济周期的探究》,叶华译,九州出版社 2007 年版。

55. ［美］约瑟夫·熊彼特:《资本主义、社会主义与民主》,吴良健译,商务印书馆 1999 年版。

56. 中共中央马克思恩格斯列宁斯大林著作编译局编:《马克思恩格斯选集》第 3 卷,人民出版社 1972 年版。

57.《中华人民共和国国民经济和社会发展第十四个五年规划和 2035 年远景目标纲要》,人民出版社 2021 年版。

图书在版编目（CIP）数据

善经济论纲 / 王振耀 著 . —北京：东方出版社，2023.7

ISBN 978-7-5207-2596-5

Ⅰ.①善…　Ⅱ.①王…　Ⅲ.①利他主义－经济哲学－研究　Ⅳ.① F0

中国国家版本馆 CIP 数据核字（2023）第 079556 号

善经济论纲

（SHAN JINGJI LUNGANG）

作　　者：王振耀

策　　划：李　斌

责任编辑：朴丽旻　刘书含

责任审校：任　丽　曾庆全

出　　版：东方出版社

发　　行：人民东方出版传媒有限公司

地　　址：北京市东城区朝阳门内大街 166 号

邮　　编：100010

印　　刷：北京文昌阁彩色印刷有限责任公司

版　　次：2023 年 7 月第 1 版

印　　次：2023 年 11 月北京第 2 次印刷

开　　本：710 毫米 ×1000 毫米　1/16

印　　张：14.75

字　　数：210 千字

书　　号：ISBN 978-7-5207-2596-5

定　　价：69.80 元

发行电话：（010）85924663　85924644　85924641
